# HÜKÜM
## KİTAP

**ISBN:** 978-605-66081-4-8

**Hüküm Kitap:** 5

**İhsan Şenocak Kitaplığı:** 5

**17. Baskı:** Mart 2024

---

**Editör**
Muhammed Fatih DEMİRTÜRK

**Tashih**
Davut ÖZKALSIN

**Tasarım**
Yavuz SANCAKTAR

**Kapak**
Yunus KARAASLAN

---

**Hüküm Basın Yayın Dağıtım  Pazarlama**
Abdullah KADIOĞLU
Süleymaniye Mh. Kirazlı Mescit Sk.
No:12/1 Fatih/İstanbul

**Baskı ve Cilt**
Alioğlu Matbaacılık Bas. Yay. Kağ. San. Tic. Ltd. Şti.
Ortamahalle Mah. Fatin Rüştü Sok. No: 1/3 A
Bayrampaşa/İSTANBUL
Matbaa Sertifika No: 45121

**HÜKÜM KİTAP İletişim**
Basri YUSUFOĞLU
Tel: +90 530 185 86 37
http://hukumyayinlari.com

İHSAN ŞENOCAK

# İSLÂM'IN KIZINA

HÜKÜM
KİTAP

# -İÇİNDEKİLER-

## - CAMİ, CEMİYET ve ÖZGÜRLÜK -

## - İKİ KUTBUYLA ANNE -

## - İSLÂM'IN KIZI -

### İSLÂM'IN KIZI! İFFET ÇAĞI SENİNLE BAŞLAYACAK

# TAKDİM

Erkek, yalnız başına düşünüldüğünde "fert"tir. Diğeri olmadan kendini yıkayamayan el gibidir. Kadınla zevc/çift olur, tamama erer. Çift olarak yaratılan[1] insan, varlık aleminin oluşturduğu o büyük bütüne (tam olarak) zevcesine ulaşınca katılır.

İnsanoğlunun yeryüzü hikayesi de, Hz. Adem'le Hz. Havva'nın birbirine kavuşmasıyla yani yeniden çift olmalarıyla başlamadı mı?

Erkek, kadını Allah'ın yarattığı şekil ve suretin yanısıra varoluş gayesiyle de tanımaya çalışır. Kadını tanıma ameliyesi o derece hassastır ki, durduğunuz yerin bir adım gerisi de, bir adım ilerisi de felakettir.

---

[1] Zuhruf: 12.

Çünkü bir şey haddini aşınca zıddına inkılâb eder. Erkekteki "raculiyet vasfı" kadını sadece suretiyle tanır. Bu yüzden, suret eskiyince kadına karşı duyulan muhabbet de zâil olur. Zihin ise onu var oluş gayesiyle tanıyıp anlamak ister. Zihne muhatab olan kadın;

*Bir işaret bir misal;*
*Ayrılık remzi visal...*
*Allah'a yol bir timsal"*dir.

Sadece şekil ve suret itibariyle tanınan kadın ise;

*"Dipsiz hasrete tuzak;*
*En yakınken en uzak...*
*Tadı zehrinde erzak"*tır.

Erkek için kadın bir ufuktur. Şekil ve sureti malum olan bir ufuk... Bu zaviyeden bakıldığında kadın, bulunduğunda ya da o, erkeği bulduğunda aslında ortada bulunan bir şey yoktur. Sadece Allah'ı bulmaya memur olan insan bununla, bulmanın nasıl bir ameliye olduğunu öğrenir. O halde kadın, erkek; erkek de kadın için bulunan değil, neyin nasıl bulunacağını gösteren bir kılavuzdur. O kılavuza uyan kişi, kadının suretinin büyüleyici ufkundan, varoluşunun sahici ufkuna ulaşır. Kadını olması gerektiği şekilde tanıyan mümin, marifetullaha nail olur. İşte tam bu noktada seyr-i ilallah başlar. İnsan, seyir esnasında yeryüzü değerlerinden âzâd olur. Buna "halis hürriyet" diyoruz. Hür olanlar "Bekâ" makamında Hakk'a kul olma bahtiyarlığına erer. Sonra Bekâ'dan maddi âleme dönüş başlar ve insan, seyr-i fi'l-eşya makamında eşyaya hükmetme istidadına kavuşur.

Evet, gerçek anlamda kulluk yürüyüşü, seyr-i ilal-
lah ile başlar. Bu yüzdendir ki bazı velilerin ilahî aşkı
anlatan muhalled eserlerinin arka planında, bir kadın
muhabbeti olduğu rivayet edilir. Veli, kadının yolda
sadece bir menzil olduğunu görür ve onun suretini
ufuk zannetmenin bir algı yanılması olduğunu ya da
idrak zafiyetinden kaynaklandığını anlar. Bunun için-
dir ki Büyük Doğu mimarı şöyle der;

*Bir ufuk ki, ne Mecnun varabildi ne Ferhat;*
*Bir ufuk ki, ilahî sırrı bekleyen Serhat...*

O halde aşık için ufuk, ne Şirin ne de Leyla'dır.
Ufuk, bütün bir kainatı kuşatan ilahî sırdır. Bu yüzden
ölümüne haftalar kala Üstad Necip Fazıl şu itirafta bu-
lunur;

*Kadından kendisinde olmayanı isteriz.*
*Hasret yerinde kalır ve biz çekip gideriz*

Erkek, kulluğun hakikatine erince yakînen anlar
ki; bulduğunu zannettiği kadın, izafi bir buluştur. Bu-
nun için, ölürken geride bıraktığı yılları som hasret
olarak niteler.

\*\*\*

Erkeği marifetullaha taşıyan kadının adı Âişe,
Esma, Zeynep, Fâtıma olsa ya da her biri farklı za-
manlarda, farklı şehirlerde, farklı ülkelerde yaşasa da
Allah Azze ve Celle'ye ulaşma noktasında hepsi aynı
yakınlıkta; fert olan erkeğe eş olmada ise hep aynı ko-
numdadır.

\*\*\*

Kadına dair pek çok mevzuyu "halimiz ve çaremiz" zaviyesinden ele alan bu kitap, İslam harfleriyle yazılışları aynı olan "küz/göz" ile "kür/kör" arasındaki farkı temyiz eden "nokta" kadar bir vazife îfa eder ve o nokta ile "küz/göz"ü "kür/kör" olmaktan kurtarırsa telif ediliş gayesine ulaşmış olur.

لا حول ولا قوة إلا بالله العلي العظيم

هذا رأيي ، والرأي يخطئ ويصيب

İhsan ŞENOCAK

Şubat - 2016

**- KADININ TARİHİ -**

# TASMALI İNGİLİZ EŞLERDEN, AYAĞINA CENNET SERİLEN ANNELERE: KADIN *

İnsanlık tarihinde en büyük cürümler kadına karşı işlendi. Kadın, İslâm'sız bütün uygarlıkların mazlumu, bütün asırların paryası oldu. Varlığını "güç"ten alan millet yapıları, kadını sömürmek için her yola başvurdu.

### Zinadan Hüküm Giyen Toplum: Yunan

Eski Yunan'da kadın; hiçbir şekliyle kültürel hayatta yer almayan, "insan" üst başlığı altında erkekle yan yana duramayan, çarşıda pazarda satılan değeri düşük bir mal gibiydi. Yunan toplumu kadını Şeytan'ın ameliyesi bir varlık olarak görür, dilediğiyle evlendirir, ona mirastan pay da vermezdi. Sparta'ya ise Atina'daki ka-

---

*Ayet-i Kerîme'lerin bir kısmının manası, Tefsirli Meal şeklinde verilmiştir. Bazı Hadîs-i Şerîf ve kelâm-ı kibâr da bu şekilde tercüme edilmiştir.

dın tasavvurunun zıddı bir algı hâkimdi. Yunan'da kadına ne kadar baskı varsa, Sparta'da o kadar özgürlük vardı. Kadın çarşıda-pazarda erkeklerden daha fazla yer alır, her nevi tasarrufta bulunur, mirastan da pay alırdı. Bu yüzden Sparta, Aristo'nun sert eleştirilerine maruz kaldı. Aristo, kadın noktasında haddi aşmakla itham etti Sparta'yı. Atina kadına zulüm burcunda durmaya daha fazla direnemeyince Sparta ile aynîleşti; bir uçtan diğerine geçti, evine kapatarak zulmettiği kadına bu defa onu açarak, cinsel bir meta haline dönüştürerek işkence etti. Mahremiyet hayattan bütünüyle zail oldu, fuhuş yayıldı. Zina umûr-u âdiyeden addedildi. Umûmhaneler siyasî faaliyetlerin merkezi oldu. Edebiyat da, düşünce de oralarda şekillendi. Yunan, umûmhaneden yönetilen bir devlet haline geldi. Ahlaksız ilişkileri ebedileştirme adına putlar yapıldı, onlar üzerinden hayali varlıklar takdis edildi. Yunan, rahminde şekillendiği, ellerinde büyüdüğü kadına bütün zamanlarda ihanet etti, onu pespaye bir varlık haline getirdi. Sonunda zinadan hüküm giydi ve kendini recmetti Yunan.

### Vahşiler Hapishanesi: Roma

Arenalarda köleleri aslanlara parçalatmakla ün yapan Roma, kadına zulümde o derece uç bir noktadaydı ki sokaklarında dolaşanlar, pazarlarında satılan kadınları görenler, evlerden yükselen ağıtlara kulak verenler bu ülkenin yönetimine bir tane ehl-i insaf gelmediği kanaatine varırdı. Batı uygarlığının isnat merkezi olan Roma ise, "kadına hayat hakkı yok" diyen vahşiler hapishanesi gibiydi.

Roma'da bir adam çocuğu dünyaya geldiğinde onu ayakları önüne koyup bir müddet seyreder, daha sonra yerden kaldırır, kucağına alırdı. Ayakları dibindeki çocuğu kişi kaldırmazsa onun nesebini reddetmiş olur, ortada kalan çocuksa alınıp ya şehir meydanlarına ya da putların önüne bırakılırdı. Çocuk erkekse biri tarafından alınır; kızsa güneşin harareti ya da kışın soğuğundan etkilenerek açlık ve susuzluktan ölürdü.

### Yakılan Kadınlar

Hint uygarlığında kadın müstakil bir varlık olarak görülmez; ancak babası, eşi ya da oğluyla birlikte "insan" kabul edilirdi. Eşi ölen bir kadının hayatı hükmen bitmiş sayılırdı. Cenaze günü bir odun yığını üzerine çıkarılarak yakılırdı kadın. Hint uygarlığının bu aybı XVII. asra kadar devam etti.[2]

### Bütün Zamanların Mazlumu

Çin'de ise dul kadınlar intihar etmek mecburiyetindeydi. Uydurulan ve bozulan dinlerin bütün kahin, sihirbaz ve rahipleri bu büyük günah için sanki işbirliği yapmış, kadına zulüm anonim bir

---

[2] Bk. Mahmud Sellam, *el-Mer'e inde'r-Rûmân*; Sibâî, *el Mer'e*, s.17-29.

hal almıştı. Ülkelere göre işkence ve ölüm şekilleri farklı fakat mazlum hep aynıydı.

### Uygarlıkların Günah Galerisi: Kadın

Kime nereden intikal ettiği ya da ilk olarak nerede zuhûr ettiği çok bilinmemekle beraber Cahiliyye Araplarında olduğu gibi Eski Yunan, Roma ve -XVII. asra kadar- Rusya'da da kıtlık, harp ve muhasara zamanlarında kız çocukları diri diri toprağa gömülürdü.

Batı'da Derebeylik devrinde evlenecek bir kızın bekâretini izale hakkı; hükümdar, derebeyi ve papaza aitti. Bunlar bu işin karşılığında para bile alırlardı. Şayet kız çirkin ya da hastalıklı ise bu iş damada havale edilir, beyefendi de bunu kendine hakaret telakki ederdi. Bazı bölgelerde ise bekâreti izale mütehassısları vardı.[3]

Roma'daki ahlaki bozulmaya ve zinanın umûr-u âdiye olarak görülmesine tanık olan Hristiyanlar; kadının cemiyet içerisinde olması, dilediği erkeklerle konuşması gibi hususları dikkate alarak onu bozulmanın yegâne sorumlusu olarak ilan etti.

### Kadını Şeytan Görmenin Adı: Hristiyanlık

Kilise, evliliği uzak durulması gereken toplumsal bir leke olarak gördü. Ona göre bekâr, Allah katında evliden daha makbuldü. Kilise'ye göre kadın; bir Şeytan, fitneye düşüren bir silahtı. Hristiyanlar Roma

---

[3] Osman Ergin, *Türk Maarif Tarihi*, V, s.1879-1880.

şehvetperestlerinin bütün suçunu kadına kesti; Aziz Turutyan, kadını Şeytan'ın insana nüfuz kapısı olarak tanımladı. Kilise, Hz. Havva kıssasını çarpıtarak anlattı ve kadını her nevi şerrin menbaı olarak ilan etti. Hz. İsa'nın evlenmeye vakit bulamamasından dolayı bekâr kalmasını esas alan papazlar fıtrata direndi, evlenmedi, sonunda kilise gayri meşru ilişkiler merkezine döndü.

Allah Rasûlü'nün ﷺ gençlik yıllarına tekabül eden bir tarihte Fransa, bir kongrede kadının insan olup olmadığını tartıştı. Sonunda erkeğe hizmet etmek üzere yaratılan bir insan olduğu kanaatine varıldı.[4] Alman filozof Schopenhauer de, kadının dayak yemek, güzel beslenmek, ve hapsedilmek için yaratılmış bir hayvan olduğunu iddia etti.[5]

### İngilizlerin Tasmalı Kadınları

Time gazetesi 1932 yılında, "Yüzyıl önceki Time" başlığı altında 26 Nisan 1832 tarihli nüshasını özel haber yaparak, İngilizlerin ağzından onlara kendi kadınlarını nasıl sattıklarını hatırlattı. Gazeteye göre İngilizler o tarihlerde eşlerini, boyunlarına bir tasma takarak pazara götürüp satma hakkına sahipti. Kadını satmanın şartı ise, ücretin 2 şilinden az olmaması ve boyna asılan tasmanın yeni olmasıydı. İngilizler, gazetedeki, insanlığın yüzünü kızartacak, akla hayret verecek cinsteki anlatımlarda, eşlerini hayvan pazarlarında nasıl sattıklarını itiraf eder.

1824 yılında bir kadın tasmasıyla pazara götürülür, 10 şilin üzerinden pazarlık yapılır, toplam paradan 1 şilinin de memura verileceği kararlaştırılır. Sonra o pazarda canlı varlıkların satışının kanunsuz olduğu memurun aklına gelir ve kadın, meramına ulaşamayan kocasıyla birlikte bir hayvan pazarına nakledilir ve orada satılır.[6]

1931 yılında bir İngiliz, yürürlükte olduğunu zannettiği 'kocanın eşini tasmalayıp satması' kanununa istinaden, hanımını 500 cüneyhe satar. Mahkemelik olunca da avukatı kendisini şu ifadelerle müdâfaa eder: "100 yıl önceki İngiliz kanunu kocaya, kadının rızası olması ve ücretin malum miktara ulaşması durumunda satış hakkını veriyor." Mahkeme ise kadının satışına onay veren kanunun, 1805 tarihindeki bir başka kanunla kaldırıldığını söyler ve hanımını satan adama 10 ay hapis cezası verir.[7]

Kadına hayvandan daha aşağı muamelelerde bulunup, onu aşağılayan Batı, gaddarın masum ve mazlumları suçlaması gibi, onun kahredici kadın planını tanımayan her cemiyet yapısını, kadın haklarını gasp etmekle itham etti. Kendini mazlum göstererek suçuna ortaklar aradı. İşgal ettiği yerlerde intelijansiyadan kadın simsarları yetiştirdi. Islah kılıfı altında yürütülen kadını ifsad çalışmalarının kimine doğrudan, kimine de taşeronlar vasıtasıyla katıldı.

---

[6] Bk. Ergin, a.g.e., V, s. 1881-1884.
[7] Sibâî, a.g.e., s.27.

## Kadın ve Özgürlük

Geçen asra kadar kadını insanla hayvan arasında bir yerde tanımlayan Batı, İslâm coğrafyasından aldığı, adını koruyup aklını devşirdiği araştırmacılarla İslâm kadını üzerinde de operasyon planladı. İslâm'ı öğrenmeden Batı'ya giden, bu yüzden bedeniyle ayrılsa da fikri anlamda Batı'dan dönemeyen yazarlar vasıtasıyla siyahı beyaz olarak gösterdi.

Kasım Emin 1899 tarihinde neşrettiği (Mısır Müftüsü Muhammed Abduh tarafından kaleme alındığı da düşünülen) "Tahrîru'l-Mer'e" adlı çalışmasında kadınların tesettüre girmelerinin İslâmî olmadığını iddia etti. Ona göre, örtünme ve mahremiyetle alakalı ayetler Allah Rasûlü'nün ﷺ eşleriyle alakalıydı. Ne var ki ulemâ tarafından bu ayetler bütün kadınlara teşmil edildi."

Kasım Emin'in kendisinden fevkalade etkilendiği Muhammed Abduh'un, adına "ıslah" dediği bu nevi ifade ve faaliyetlerin merkezinde; sömürgecilere mücâmele yapmak, toplumu dine yaklaştırmaktan ziyade dini topluma yaklaştırıp dönüştürmek, kadının tesettür hassasiyetini köreltmek, ulemâ ile savaşıp onları nisyana mahkûm etmek vardı. İslâm'a zarar verecek her şeyi içinde barındıran, buna mukabil faydası olan ne varsa onları da itibarsızlaştıran bu anlayış, kadın meselesinin Batı'nın referansları üzerinden değerlendirilmesinde fevkalade müessir oldu.

Yusuf Nebhani, Kasım Emin'in hocası Abduh'un yıkıcı faaliyetini anlatırken; tarihte hiçbir fırkanın Cemaleddin Afgani ve Muhammed Abduh hareketi kadar İslâm ve Müslümanlar üzerinde yok edici etki gösteremediğini söyler.[8]

Kasım Emin, kitabında kadın ve erkeğin birbirlerini anlamaları için aynı ortamlarda okumaları ve yaşamaları gerektiğini savundu. Böylece başkaları vasıtasıyla evlenmenin önüne geçilecek, taraflar da aileyi bizzat kendileri kuracak, diyordu.

### Özgürlük İçin Açılmak

Fransa'da okuyan fakat sadece Batı'nın "gör" dediğini gören Kasım Emin, eşi ve annesi de içinde olmak üzere kadın cinsinden her varlığı "satılacak bir mal" olarak telakki eden Batı'nın aklıyla İslâm'a döndü ve "Özgürleşmesi için kadın açılmalı." dedi. Çünkü açılan kadın şehvet tacirleri tarafından keşfedilecek ve farklı zaviyelerden "meta" haline getirilecekti. Kasım Emin'in önceki köle tacirlerinden tek farkı, kadına köleliği "hürriyet zarfı" içerisinde takdim etmesiydi.

### Tahrîf Hizmetleri

Kasım Emin, hiçbir Müslümanın cüret edemeyeceği bir şeye imza attı ve alenen Allah'ın ayetlerini tahrîf etti. "Ey Peygamber Hanımları! Siz, kadınlar-

---

[8] Bessam Abdulvahhab el-Câbî, *Kavlî Fi'l-Mer'e'nin Mukaddimesi*, s. 42-51.

dan herhangi biri gibi değilsiniz"[9] ayet-i kerîmesinden hareketle Kur'an-ı Kerîm'deki "hicab" ayetlerinin Allah Rasûlü'nün ﷺ eşleriyle alakalı olduğunu ileri sürdü. "Peygamber'in hanımlarından bir şey istediğiniz zaman perde arkasından isteyiniz."[10] ayetindeki "هُنَّ/o kadınlar" şeklindeki zamirin de Ezvâc-ı Tâhirât'a döndüğünü, dolayısıyla tesettür bağlamındaki bütün emir ve nehiylerin Efendimiz'in eşleri ile alakalı olduğunu başka kadınlar için geçerli olamayacağını savundu. Kasım Emin, ayetleri bağlamından kopararak; İslâm'la, İslâm'ı alet ederek savaştı.

Kasım Emin, Batı'yı tezkiye memuru kadrosunda tahrîf hizmetlerine devam eder. Nasslardan hareketle konuşan ulemâya karşı, sırtını Batı'ya dayayan bir Mısırlı olarak, "Bu kadar da olmaz." dedirten ikinci kitabı "el-Mer'etu'l-Cedîde"yi (1900) kaleme alıp inhirafı sidre-i müntehâ'ya kadar taşır.

### Mustafa Sabri Efendi

Mustafa Sabri Efendi muhalled eseri Mevkifu'l-Akl'de, Kasım Emin'i ondan yıllar sonra tashih eder. Ne var ki 1908 yılında hayatını kaybeden Kasım Emin'in azat kabul etmez bağlıları ezberlerini bozmaz.[11] Onun açtığı yoldan belli bir güruh gitmeye devam ettiğinden iddiaları gündemden düşmez.

---

[9] Ahzâb: 32.

[10] Ahzâb: 53.

[11] Bk. *Mevkıfu'l-Akl-i ve'l-İlm-i ve'l-Âlemi min Rabbi'l-Âlemîn*, I, s. 485.

Tesettürün sadece Allah Rasûlü'nün ﷺ eşlerine ait olduğunu iddia eden Kasım Emin'in delil olarak zikrettiği ayetleri, müfessirler bütün Müslüman kadınlar için geçerli kabul etmiş, fakihler de bu bağlamda hüküm vermişlerdir. Nitekim Sahâbe kadınları da tesettür ayetlerini bu çerçevede değerlendirmiş, başörtüsü ayeti[12] nazil olunca oldukları yerde elbiselerinin fazlalarını yırtıp, başlarını kapatmışlardır.

Kasım Emin'in tesettürle savaşına alet ettiği, "Ey Peygamber'in Hanımları! Siz, kadınlardan herhangi biri gibi değilsiniz."[13] ayet-i kerîmesi, örtünmenin ezvâc-ı tâhirâta has olduğuna değil; sadece, Allah Rasûlü'nün ﷺ nikahında olmalarından dolayı ceza ve sevap durumlarının diğer kadınlardan farklı olduğuna işaret etmektedir. Nitekim ilgili hükümden iki ayet öncesinde, "Ey Peygamber hanımları! İçinizden kim apaçık bir çirkinlik yaparsa onun cezası iki kat verilir. Bu Allah'a göre kolaydır."[14] buyrulmakta ; bir sonrakinde ise iman eden ve salih amel işleyenlere mükafatlarının iki kat verileceği beyan edilmektedir.[15] Buna göre Allah Rasûlü'nün ﷺ eşleri sadece bu iki hususta diğer kadınlardan ayrılmaktadır. Hadise "Onun eşleri de müminlerin analarıdır."[16] aye-

---

[12] Nûr: 31.

[13] Ahzâb: 32.

[14] Ahzâb: 30.

[15] Ahzâb: 31.

[16] Ahzâb: 6.

ti bağlamında düşünüldüğünde ise, "Ey Peygamber hanımları! Siz, kadınlardan herhangi biri gibi değilsiniz"[17] ayet-i kerîmesinden sonraki bütün emir ve yasakların, o annelerin manevi evlatları mesabesinde olan bütün İslâm kadınlarını da kapsadığı görülecektir. Buna göre bütün İslâm kadınları erkekler ile konuşurken karşı tarafı etkileme gibi bir durumda olmayacak, hayatlarının merkezine evi koyacak, orada vakarlı ya da kararlı bir halde duracak. Klasik cahiliyye kadınları gibi açılıp-saçılmayacak. Namaz kılacak, zekat verecek, Allah ve Rasûlü'ne ﷺ itaat edecek. Evlerinde okunan Allah'ın ayetlerini ve Rasûlü'nün sünnetini hatırlayacak.[18]

Kasım Emin bütün bu emir ve yasakların sadece Allah Rasûlü'nün ﷺ eşleriyle alakalı olduğunu savunarak; diğer kadınların, kalbinde hastalık olan erkekleri ümitlendirecek konuşmalar yapmak, evi otel gibi kullanmak, klasik cahiliyye tarzında giyinip, yürümek, namaz kılmak, oruç tutmak, Allah ve Rasûlü'ne ﷺ itaat etmek gibi durumları terk etmek hakkı olduğunu da ilan etmiş oldu.

Kasım Emin "Bir kız erkek arkadaş edinmeli, farklı zamanlarda onunla aynı masada hâle dair mahrem/nâmahrem konuşmalar yapmalı, erkeklerle sosyal etkinliklere katılmalı." diyerek; 19. yüzyıla kadar boynuna taktığı tasmalarla eşlerini satan Batı-

---

[17] Ahzâb: 32.
[18] Bk. Ahzâb: 32-34.

lıları referans aldı, onlar gibi olmalıyız, dedi.

### Tesettürü Tahrîf Kadrosu

Batılılar, Müslümanların icbarî telkinlere karşı direndiklerini görünce, İslâm'a karşı İslâm projesi çerçevesinde Muhammed Abduh gibi müstağriblerle içerden çökertme faaliyetlerinde yoğunlaştı. Batı'nın istek ve arzusuna amade yüzlerce gönüllü yetiştirildi. Kasım Emin ise "tesettürü tahrîf" kadrosunda ihdas edildi. Mesaisinin hakkını verebilmek için ulemânın reddiyelerine karşı "mugalata" yaptı. Hicabın başka milletlerden İslâm'a intikal ettiğini savundu. Bizzat örtünmeyi emreden ayet-i kerîmeyi Allah Rasûlü'nün ﷺ eşlerine tahsis ederek hicab ayetiyle[19] hicabı inkar etti.

Tesettürü tahrîf hareketi, Kasım Emin'le büyük bir sıçrama yapacağını, psikolojik sınırı geçeceğini düşünmüştü. Bu yüzden Tahrîru'l-Mer'e eseri, ilk meal yazarı Suriyeli Hristiyan Zeki Megamiz tarafından, "Hürriyet-i Nisvan" adıyla Türkçe'ye; Zakir Kadiri tarafından ise her iki kitabı Tatarca'ya tercüme edildi. Ne var ki Kasım Emin geride "hoş sadalar" bırakamadan 1908'de vefat edince, şakirtleri onun bu gidişini "vakitsiz bir ölüm"[20] olarak niteleyip, merkezden bir müstağrib atanana kadar birkaç eseriyle yetinmek zorunda kaldı.

---

[19] Ahzâb: 59.

[20] Ergin, a.g.e., s. 1898.

## Kadın'ı Aç

İstanbul'da da Mısır'daki tesettür operasyonuna benzer çalışmalar yapıldı. Üstad Necip Fazıl'ın Adüvvullah Cevdet dediği Abdullah Cevdet, Cenevre'de Müslümanların içinde bulundukları durumdan nasıl kurtulabileceklerine dair bir anket yapar. Bir Fransız edebiyatçısı çözüm önerisi olarak "Kur'an'ı kapa, kadınları aç" şeklinde yanıt verince; Abdullah Cevdet, Kasım Emin'le farklı ülkelerin aynı merkezden yönetilen kadrolu personelleri olduklarını ilan edercesine "Kur'an'ı da kadınları da açmalı."[21] diye karşılık verir.

Geçen asırda İslâm alemi; Kasım Emin ve Abdullah Cevdet gibi müstağriblerin kalemiyle, kadına her nevi zulmü yaparak insanlığın vicdanında onulmaz yaralar açan Batı adına sorgulandı. Kadını boynundaki tasmayla yaşamaya mahkûm eden uygarlığın çocuğu İngiliz Papaz Dor'un, "Bundan (1888) yüz yıl öncesine kadar Batı'da kadın, erkeğin sofrasına oturma hakkına sahip olmadığı gibi soru sorulmadan söze başlaması da caiz değildi. Kocası başının üzerinde kocaman bir sopa asardı ve karısı ne zaman emrine karşı gelirse onu kullanırdı. Erkek çocuklar ise analarına ev içinde bir hizmetçi kadından yüksek bir mevki vermezdi"[22] itiraflarındaki zulüm şekilleri, Batı'nın hanesinden alınarak İslâm'a fatura edilmek istendi.

---

[21] Bk. Niyazi Berkes, *Türkiye'de Çağdaşlaşma*, 2004, s. 444.

[22] Ergin, a.g.e., s.1881.

## Batı ve İslâm

Kadını 19. yüzyıla kadar boynuna tasma takarak; 20. yüzyılda ise soyarak satan Batı, hokkabaz mantığıyla kadın haklarında referans kabul edildi. Kadını ana hatlarıyla ve mahrem çizgileriyle kayda geçen, 12 ayette anne olmasına vurgu yapıp insanlığa mevkisinin yüceliğini hatırlatan, muhataplarını ona karşı saygılı olmaya çağıran İslâm yargılandı; kadın tacirleri itibar gördü. Kadını hayvan pazarında satan İngiliz iradesi, "kadın hakkı müdâfî" kabul edildi. Müslümana ebeveynine iyi davranmayı emreden, umumi planda ise bütün milletleri anneye karşı saygılı olmaya çağıran,[23] yeryüzünün en mazlum varlığı kadının davasına el koyan İslâm ise sorgulandı.

Kadını mirastan mahrum eden Batı yüceltildi. Eşi ölünce amcasının çocukları tarafından mirası gasp edilen ve kızlarıyla ortada kalan Evs'in hanımının davasına el koyan, "Kadının da mirastan payı var." diyen; dünyaya gelen kız çocuklarının, babalarının yüzlerinin kararmasına değil, müeddeb halleriyle babalarının cehenneme girmelerine engel olacaklarını söyleyen İslâm sorgulandı. Erkeklerden Ebû Bekir'i, kadınlardan Hatice'yi çıkaran, erkek nereye kadar yükseldiyse kadını da oraya kadar yücelten İslâm yargılandı.

İslâm, kadını kusurlu bir varlık olarak gördüğünden dolayı onunla evlenmeyen Kilise'ye; kadının erkeğin, erkeğin de kadının kusurlarını örten varlıklar

---

[23] İsrâ: 23; Lokman: 14.

olduğunu hatırlatarak[24], Cennet kapısının kadınla açılacağını söyledi. Şer'i hudutları aştığından dolayı tatmin olamayan; bu yüzden kadının kadınla, erkeğin de erkekle beraber olmasını meşrulaştıran zihniyeti, insanlığın ırzına geçen caniler olarak ilan etti. "Nefsiyle girdiği büyük savaştan zaferle çıkıp kendini Rabbi'ne teslim eden kul" anlamına gelen "Müslüman" kelimesinin kadını da içine aldığını söyledi. "Müslüman erkekler ve Müslüman kadınlar" diye söze başladı. Şu hadisede de zahir olduğu gibi kadını sosyal adaletin tesis edilmesinde, insanlığın vicdanı olma noktasında göreve çağırdı: Allah Rasûlü ﷺ bir gün kızı Fâtıma'nın yanına girdi. Onu, boynundaki zinciri elinde tuttuğu halde "Bunu bana (eşini kastederek) Hasan'ın babası hediye etti." diye iftihar ederken gördü ve şöyle buyurdu:

"Fâtıma! İnsanların, "Muhammed'in kızı Fâtıma'nın elinde ateşten bir zincir var." şeklinde konuşmaları seni sevindirir mi?"

Hz. Fâtıma ﵍ (bunun üzerine) o zinciri sattı, yerine bir köle aldı ve onu azat etti. Allah Rasûlü ﷺ de, "Fâtıma'yı ateşten kurtaran Allah'a hamd olsun." buyurdu.[25]

### Kadın, Hürriyet ve İslâm

Kadının sırtına vurulan yükleri Allah Rasûlü ﷺ

---

[24] Bakara: 187.

[25] Bk. Ahmed bin Hanbel, *Müsned*, H. No: 278; Hakim, H. No: 4725.

kaldırdı. Ona insan olma onurunu yeniden O iade etti. Şehvetperestlerin elinde bir defa kullanılıp atılan oyuncak olmadığını O'nunla öğrendi kadın. Bir erkek insan olarak hangi haklara sahipse kadının da aynı haklara malik olduğunu insanlık ilk olarak O'nun ağzından dinledi. Cemiyetin kalkınmasında kadının da erkek gibi asıl unsur olduğunu O söyledi. Göklerin değerleriyle yeryüzüne müdahale etti; renge, soya ve bölgeye bakmadan insan haklarına standart getirdi. İnsanlık aleminin tek bir nefisten yaratıldığına[26] dikkat çekerek kadının insaniyette erkekle aynı yerde durduğuna işaret etti. Onun getirdiği dinle; insana, bedeni ve rengine göre kıymet verme dönemi kapandı, kalp ve amellere göre değerlendirme çağı başladı.

İslâm'la Kilise'nin Hz. Havva üzerinden bütün kadınları günahkar ilan eden anlayışına müdahale edildi. Şeytan'ın Hz. Adem gibi Havva'ya da vesvese verdiği, ikisinin de ayaklarını kaydırdığı[27], istiğfarı her ikisinin de birlikte yaptığı[28] ve "zelle"nin muhatabının sadece Hz. Havva olmadığı bildirilerek; Hz. Havva'nın insanlığı günaha sürüklediği iddiası çürütüldü. Bazı ayetler ise zelleyi yalnızca Hz. Adem'e isnat etti.[29] Bir kimsenin başka birinin günahını üstlenmeyeceğini bildiren Kur'an-ı Kerîm, kızların da anneleri Hz.Havva'dan dolayı sorumlu tutulmayaca-

---

[26] Nisâ: 1.

[27] Bakara: 36.

[28] A'râf: 23.

[29] Taha: 120-121.

ğını umumi planda ilan etti: "Onlar gelip geçmiş bir ümmettir. Onların kazandıkları kendilerinin, sizin kazandıklarınız sizindir. Siz onların yaptıklarından sorumlu tutulmayacaksınız."[30]

İslâm, Cahiliyye'nin kadını aşağılayan kuruntularını da kaldırdı. Cennet'in yollarının erkeğe olduğu gibi kadına da açık olduğunu söyledi: "Erkek ya da kadın kim mümin olarak amel-i salih yaparsa elbette ona iyi bir hayat yaşatacağız ve onların mükâfâtlarını, yapmakta olduklarının en güzeli ile vereceğiz."[31] Hristiyanlıkta Cennet'e girmeye engel olarak görüldüğü için kendisinden uzak durulan kadın; İslâm'da erkek hangi ihsânlara muhatapsa, aynıyla onlara mazhar oldu.

İnsanlık tarihinde ilk olarak İslâm; kadını uğursuz kabul eden, çocuğunun kız olmasından dolayı üzülen babayı ve onu evlat katili yapan anlayışı telin etti: "Onlardan biri, kız ile müjdelendiğinde içi öfke ile dolarak yüzü simsiyah kesilir! Kendisine verilen kötü müjde yüzünden halktan gizlenir."[32]

Roma'da, Rusya'da ve Cahiliyye Arapları'nda görülen kız çocuklarını diri diri toprağa gömme geleneği İslâm'la yasaklandı. Kur'an-ı Kerîm bu yasağı, Güneş'in dürülmesi, yıldızların sönmesi, dağların yürütülmesi bağlamında zikrederek insan oğluna adeta şunu anlattı: "Kıyametin kopma anında kişiler nasıl

---

[30] Bakara: 134.
[31] Nahl: 97.
[32] Nahl: 58-9.

bir korku yaşayacaksa, "diri diri gömülen kız çocuğunun hangi günahtan dolayı gömüldüğü sorulduğu zaman"[33], onu gömen baba da huzuru ilahide aynı korkuyu hissedecek."

İnsanlığı; kadını eş, kız ya da anne olarak korumaya çağırdı. Utanma sebebi olarak görülen kız çocuklarını babalarının Cehennem'den korunmalarına perde yaptı. Allah Rasûlü ﷺ "Kim bu kız çocuklarıyla bir hususta imtihan edilir, onlara iyi davranırsa, kıyamet günü onlar, iyilik sahibiyle Cehennem arasında perde olur." buyurdu.

Allah Rasûlü ﷺ, dünya metalarının en hayırlısının kadın olduğunu söyledi.[34] Ebeveyne iyi davranmayı emretti fakat anneyi müstakil olarak zikretti.[35] Sonra bütün dünya milletlerine döndü; "Irkı, bölgesi, dili ne olursa olsun bütün annelere saygı duyulsun." dedi.[36] Huzura gelen bir adam, Allah Rasûlü'ne ﷺ "Sohbetime en layık olan kimdir?" diye sorunca, Efendimiz üç defa "Annen" sonra da bir defa "Baban" buyurdu.[37]

Kadına; anne, eş ve kız olarak mirastan pay verdi. Onun erkek, erkeğin de kadın üzerinde birtakım haklarının olduğunu söyledi.[38]

İslâm, kadınla erkeği kulluk noktasında aynı ko-

---

[33] Tekvîr: 8-9.

[34] Müslim, Rada', H. No: 1467.

[35] Ahkaf: 15.

[36] Enam: 151.

[37] Müslim, Birr, H. No: 2548.

[38] Bakara: 228; Nisâ: 7.

numda ele aldı. Batı'nın; kadının insan mı, hayvan mı olduğunu tartışmasından asırlar önce İslâm, mâli tasarruflar hususunda erkekler nelere sahipse, kadının da aynı haklara malik olduğunu bildirdi; alışveriş, ikale, muhayyerlikler, selem, sarf, şuf'a, kiralama, rehin, ikrar, vekalet, kefalet, havale, sulh, şirket, mudarabe, vakıf gibi akitleri erkek gibi kadın da yapabilir, dedi.

### Kadının Şahitliği

Bir davada iki erkek ya da bir erkek iki kadın şahidin olması[39] hususu, kadının onuruyla değil görev alanıyla alakalı bir durumdur. İslâm, kadını bütün okuma faaliyetlerinden sonra annelik makamında gördüğünden, iktisatçı olmasını izafi bir durum olarak ele alır. Her ne kadar o, iktisat okuması itibariyle belli konulara herhangi bir erkekten daha fazla vakıf olsa da, İslâm nizamı içerisinde onun için en itibarlı mevki yine anneliktir. Dolayısıyla iki kadın şahidin bir erkeğe denk olması bir cinsin diğerinden üstünlüğünün göstergesi değil, kadın fıtratının erkekleşmemesi için alınan ilahi bir tedbirdir.

### Kadın ve Devlet Başkanlığı

Kadının devlet başkanı olamaması da onu hakir görme ya da ehliyetini düşürme bağlamında değerlendirilemez. Zira İslâm, kadının fıtratına göre ona siyasî ve ictimâî vazifeler yükler. Fıtratına muhalif

---

[39] Bakara: 282.

olanları ise yasaklar. Bu bağlamda ondan Cuma namazını kılma, erkek gibi ihram kıyafetleri giyme, seferberlik dışında cihada katılma gibi farzları düşürür. Nitekim Allah Rasûlü ﷺ; İran halkının, Kisra'nın kızlarından birini başlarına "melik" yaptıkları haberini duyunca, "İşlerini bir kadına teslim eden topluluk asla felah bulamaz" buyurdu.[40] Ayrıca İslâm'a göre devlet başkanının Cuma hutbelerini okuması, namazı kıldırması, vakti müsaade ettiği ölçüde insanlar arasındaki davalara bakması gibi hususlar da kadının devlet başkanı olarak seçilmesine mani durumlardır. Cumhur-u ulemâ, kadının devlet başkanı olamayacağı gibi 'kadı/hakim' de olmayacağını söylerken; Ebû Hanife kadının hakim olmasını şehadetine kıyas etmiş, şehadetinin caiz olmadığı kısas ve hadler dışındaki her hususta hakim olabileceğini söylemiştir.[41]

### Hulâsa

İslâm, kadınla erkeği kulluk mizanında aynı noktada gördü. Uygarlıkların kadına vurduğu yükleri kaldırdı, ona her nevi mali tasarruf hürriyeti tanıdı. Fakat fıtratına zarar verecek, anneliğine darbe vuracak hususlarda ise sınırlamalar getirdi. Ne var ki 1938 yılına kadar kişinin mali tasarruflarına kısıtlama getirme nedenleri arasında çocuk ve de-

---

[40] Buhârî, Meğâzî, H. No: 4425.

[41] Bk. Damad Efendi, *Mecmau'l-Enhur*, VI, s.181.

lilik yanında "kadın" olmayı da sayan Fransa[42] ya da diğer Batılı ülkeler referans alınarak, müstağribler tarafından İslâm'ın kadın nazariyesi sorgulandı. Mısır ve İstanbul bu sorgulamanın iki ana üssüydü. Abdullah Cevdet ve Kasım Emin gibi müstağribler "Kadını da aç, Kur'an'ı da" sloganıyla İngilizlerden aldıkları talimatları eksiksiz yerine getirdi. Tesettürü tahrîf kadrosunun yaydığı soysuzluk virüsü hızla yüreklerde yayıldı, çarşaflar çıktı, tunik geldi.Sonra da tunik mini eteklere vasıta oldu. Birkaç âlimle birlikte bu soysuzluğa karşı direnen Allâme Mustafa Sabri Efendi, konuyla alakalı "Feth" dergisinde yazdığı, yoğun talep üzerine de 1935 yılında "Kavlî fi'l-Mer'e ve Mukarenetuhu bi Akvâli Mukallideti'l-Ğarb" adıyla kitaplaştırdığı makalelerinde; Batı'dan doğrudan ya da Kasım Emin gibi müstağribler vasıtasıyla dolaylı yoldan etkilenen zatların, "Batı'da kız erkek birlikte oynar, okur, dolaşır, dans eder, herkes herkesten istifade eder" şeklindeki ifadeleriyle; Türkiye ve Mısır başta olmak üzere Müslüman gençleri, eşlerini satmakla müseccel Batı'yı taklid etmeye çağırdıklarını ilan edenlerin ilmi ve fikri kıymetini ortaya koyar.

İlim meydanında susmaya mecbur kalan Kasım Emin'nin zihniyeti, medyanın desteğiyle sokaklara hakim oldu. Mustafa Sabri'nin çocukları ise "Kavlî fi'l-Mer'e"yi okumadığından oyunun ne kadar büyük olduğunu anlatan "nezîr-i uryan"ları duy(a)madı.

---

[42] Sibâî, a.g.e., s.54.

Belki duyduğunda atı alan Üsküdar'a yaklaşmış olacak fakat olsun; Üsküdar önümüzde, Kıyamet'e de zaman olduğuna göre hemen şimdi yola çıkarsak geç kalmayacağız...

*\*\*\**

- AİLE -

# BİR ZAMANLAR AİLE

Hem kendini, hem de aileyi korumaya memur olan babalar; Allah Rasûlü'nün ﷺ, "Çocuklarınızı üç haslet çerçevesinde terbiye ediniz: Peygamber sevgisi, Ehl-i Beyt muhabbeti ve Kur'an-ı Kerîm tilaveti" hadîs-i şerîfi çerçevesinde usta bir sanatkâr gibi usanmadan, yorulmadan yavrularının ruh ve fikir dünyalarını inşa ederler.

### Üç Esas

Sahabe, insanlık tarihinin en muttaki neslini bu üç esas çerçevesinde yetiştirdi. Omurgasını Kur'an-ı Kerîm'in teşkil ettiği, Peygamber muhabbeti ve Ehl-i Beyt sevgisinin de esas alındığı terbiye mektebi, alnında "صِبْغَةَ اللهِ/Allah'ın boyası"[43] olan gençler mezun etti.

---

[43] Bakara: 138.

Allah Azze ve Celle'yi sevmek, Efendimiz'e ﷺ ittibaya bağlı olduğundan; her sahabi, çocuğuna Kur'an-ı Kerîm gibi Allah Rasûlü'nün ﷺ hayatını da öğretti. Namazda, oruçta, cihatta, yürüyüşte, oturuşta, kalkışta hasılı her oluşta ve her erişte O'na ﷺ ittiba esas alındı. Çünkü İslam'a göre bir Müslüman, ancak O'na ﷺ ittiba ettiği kıymette Allah'a itaat etmiş kabul edilir.

### Allah Rasûlü'nün ﷺ Ufkunda

Sahabe, ateşin içerisinde eriyip de şekil alan demir gibi, Allah Rasûlü'nün ﷺ talim ve terbiye ocağında şekil aldı, kıvama geldi. Büyükler gibi çocuklar da her adımı, O'nun ﷺ muhabbetini kazanacak şekilde attı.

Sahabe, dünyasını O'na ﷺ ittiba üzerine kurdu. "O varsa her şey var, O yoksa hiçbir şey yok." dedi. Onu muhafaza etmeyi, kendini muhafaza etmekten daha mühim gördü. Bedir Muharebesi'nde bir ara kendini iki çocuğun arasında bulan Abdurrahman b. Avf, Peygamber sevgisinin tezahürüne dair şöyle bir hadise nakleder: "Yanıma gelen bir çocuk bana dokunup, 'Amca Ebû Cehil'i tanır mısın?' diye sordu.

-Evet tanırım fakat senin onunla ne işin olur?

-Duydum ki Allah Rasûlü'ne ﷺ sövüyormuş."

Abdurrahman b. Avf'ın diğer yanındaki bir başka çocukla da arasında benzer bir konuşma geçer. Ne zaman ki, Abdurrahman b. Avf onlara Ebû Cehil'i gösterir, ikisi de yanından ayrılıp kalabalığa doğru koşar. Ebû Cehil öldürülünce iki çocuk da Allah Rasûlü'ne ﷺ gidip, her biri onu kendisinin öldürdüğünü iddia eder.

## O'nu ﷺ Müdafaa Yolunda Çocuklar

Yaşından dolayı geri çevrilme endişesi taşıyan çocuklar da Allah Rasûlü'nü ﷺ müdafaa edebilmek için büyükler arasında saklanıp cihad meydanlarına inmişti. Râfi' ve Semure de o sevgiyle Bedir'e varıp cihad etmek istiyordu. Bunun için onlarca kilometrelik yolu katetmişlerdi. Allah Rasûlü ﷺ onlara yaşlarından dolayı cihada katılamayacaklarını söyleyince üzüntüden başları öne düşmütü.

Batılılar ve işbirlikçileri iki yaşındaki çocukları kimyasal silahlarla öldürürken; insanları diriltmeye memur olan peygamber, yardıma en çok ihtiyaç duyduğu bir anda iki çocuğa, "Siz çocuksunuz." buyurdu. Sahabe araya girip, "Râfi' iyi okçudur. Atıcılığı da iyidir." deyince Allah Rasûlü ﷺ ona müsaade etti. Bunun üzerine Semure üvey babasına gidip, "Oysa ben Râfi'den daha güçlüyüm. Güreşte onu yenerim. Ne var ki Allah Rasûlü ﷺ beni değil de, onu kabul etti." dedi. Üvey baba araya girince, Allah Rasûlü ﷺ ikisini güreştirdi. Semure, Râfi'yi yenince, onu da orduya aldı.

Çocuk sahabiler, ölümün mukadder olduğu meydanlarda Allah Rasûlü'nün ﷺ ordusunda yer alabilmek için her yola başvurur; ordunun arasına karışıp, O'na görünmemeye çalışırdı. Uzun mesafelerde silah taşımakta zorlananlar büyüklerine ricada bulunurdu.

### Divane Mü'minler

Sahabeden tâbiûna geçen bu sevgi, nâmütenahi bir çizgide bütün Müslümanlarda devam etti. Her asırda, her beldede, Muhammed'den ﷺ muhabbet hasıl oldu. Çocuklar O'nu ﷺ her şeyden daha çok sevdi. Bu yüzden en konforlu münafıklar bile Sünnet'in ehemmiyetini tartışmaya cesaret edemedi. Araplar gibi, Türkler ve Kürtler de merkeze O'nu aldı. O, her evin, her sokağın öğretmeni idi. Okulu bırakıp da Çanakkale'ye koşanlar, askerlik şubeleri önünde uzun kuyruklar oluşturanlar, O'nun anlatıldığı evlerde büyüyen Semure'lerdi.

### Aile O'nunla ﷺ Güçlendi

Allah Rasûlü'nün ﷺ öğretmen olduğu evlerde aile güçlendi; ilişkiler sadakat, vefa gibi İslamî değerler üzerine kuruldu. Kur'an-ı Kerîm, ebeveyne karşı ihsanı emretti. Allah Rasûlü ﷺ de, "Küçüklerimize merhamette, büyüklerimize ta'zimde bulunmayan bizden değildir." buyurdu.

Allah Rasûlü'nü ﷺ seven her çocuk, Cennet'i annesinin ayağı altında aradı. Kadın, insanlık O'nu tanıdıktan sonra yeniden "anne" oldu. O'na olan muhabbetin bir tezahürü olarak pek çok çocuğa Muhammed, Ahmed adı verildi. Sünnet diye, misvak kullanıldı, ceplerde koku taşındı.

Allah Rasûlü'nün ﷺ, "Yedi yaşına geldiğinde çocuklarınıza namazı emrediniz." buyruğu esas alınarak küçük yaşta çocuklar camiye alıştırıldı.

## Bir Zamanlar

Kız çocukları küçük yaşta tesettüre bürünür; üç-dört yaşında eli, ayağı göründüğünde onlara "ayıp" denir, hayadan yüzleri kızarırdı. Namaz vakti girdiğinde annelerinin yanında serili duran küçücük seccadelerine koşardı geleceğin kadınları.

Çocuklar gün batımında babalarının yolunu gözler, zil çaldığında onu kapıda karşılar, lisanı halleriyle, "Bizim için çalıştın, helalinden rızkımızı temin ettin." diye teşekkür ederlerdi onlara. Kızlar babalarının sofrasını ibadet heyecanıyla hazırlar, çoraplarını çıkarır, havlu tutar, ihtiramda kusur etmezdi.

Babaannenin köyde birkaç tane oğlu varsa münavebeli olarak her birini dolaşır, evlerinde eşit miktarda kalırdı. Torunlar, hava karardığında babaannenin kaldığı eve koşar, her biri ona kendi evlerine gelmesi için yalvarırdı. Nöbetin ne olduğunu henüz bilmeyen torunlar/çocuklar arasında her akşam tatlı bir babaanne münakaşası yaşanırdı. Bütün çocuklar babaannenin parasının olmadığını bilirdi. Zaten onlar bunu para için değil, ihtiyar kadının duasına nâil olmak için yapardı.

Anneler vakarla evlerinde oturur, çocuklarına pek çok mevzuyu hal diliyle öğretirlerdi. Hâneye nâmahrem bir misafir geldiğinde yanına çıkmaz, sokakta ev kıyafetiyle dolaşmaz, kısık bir sesle konuşur, israfa mani olmak için elbiselerdeki sökükleri diker, yırtıkları yamar, kız çocuklarına neyi nasıl yapması gerektiklerini kemâl-i edeple anlatırlardı.

Onların "Evde canım sıkıldı." deyip, alış-veriş merkezlerini arşınlamak gibi bir adetleri yoktu. Hayatlarının merkez üssü evleriydi. Bundan rahatsız da olmazlardı. Her anne, çocuğuna her şeyden önce Allah rızası için hizmet ederdi. Kadınlar anne olmayı büyük bir nimet olarak görür, anne olunca da yorulmaz, usanmaz çocuklarını kimselere emanet etmezdi. Şimdi olduğu gibi toplumda, "çalışan kadın" ve "bakıcı/temizlikçi kadın" diye iki ayrı sınıf yoktu.

Çocuk hasta olduğunda anne yanı başında durur, hem doktor, hem hasta olur; ondan daha fazla acı çeker, ateşi yükseldiğinde alnına koyduğu sirkeli bezi sürekli değişir, yavrusunun şifa bulması için dua ederdi.

Evlerde televizyon olmadığından akşam oturmalarında ailenin en bilge olanı konuşur, diğerleri kemâl-i edeple dinlerdi. Her akşam aile meclisi kurulur, nasihatler yapılır, tecrübeler paylaşılır, büyüklerin sözlerinden hisseler alınırdı.

## O'ndan ﷺ Sonra Müfredat

Allah Rasûlü ﷺ, okulun ve evin "müfredatından" çıkarılınca hayatta muvazene bozuldu, millet ehramında keskin kırılmalar oldu. En büyük hasar ailede yaşandı. Ahiret için divane olan ebeveyn gitti, yerine dünya için savaşan "şirket bireyleri" geldi. Küçük yaşta başını örten, annesinin seccadesinin yanında namaza duran, üç yaşında "ayıp" dendiğinde yüzü kızaran kız çocukları birden çekildi dünyamızdan. Onlar gitti, diz kapağının şu kadar üzerinde etekler giyen liseliler, üniversiteliler geldi. Sesini nâmahrem duymasın diye ağlarken dahi sessiz ağlayan kadınların yerinde; sokakta, okulda mini etekle vücudunu teşhir eden ve bu teşhirle sanki, "Ey sokaklar, şahit olun ki her erkeğin bana bakma hakkı mahfuzdur." diyen zavallılar var.

### Biri Kızımın Adını Sorsa

"Sokakta biri bana kızımın adını sorsa onu vururum." diyen milletin evlatları, bugün sokakta ya da ekranda arz-ı endâm yarışında. Sokakta, çarşıda, sahnede hasılı hayatın pekçok noktasında arz-ı endâm var. Artık başörtülü kadın da her gün kıyafetini biraz daha tesettürden çıkarıp "teberrüc"e dönüştürdüğü örtüsüyle sahnede, sokakta, iş hayatında kariyer edinme yarışında. Evine misafir geldiğinde kadınları ayrı, erkekleri de ayrı odada ağırlayan Müslüman bir baba, kızının fakültede araştırma görevlisi olması için çalmadık kapı bırakmıyor. Kızının, yetmiş yaşındaki erkek akranlarıyla aynı odada oturmasına "haram" diye karşı çıkan bir baba; en çekici haliyle, yirmi yaşlarındaki delikanlıların karşısında ders anlatması için tavassut peşinde. Nereden nereye... Allah Teâlâ bizlere niçin ve hangi amellerimizden dolayı "nusret" etsin?!

### Eski Haller ve Yeni Durumlar

Eskiden kız çocukları babalarını kapıda karşılar, hal hatır ederlerdi. Şimdi ise onların yerini alanların önemli bir bölümü, ablalarının babalarını istikbal ettikleri saatlerde pastanelerde, deniz kenarlarında ya da izbe yerlerde erkeklerle sarmaş dolaş halde.

Hasta çocuklarının başucunda sabaha kadar bekleyen anneler, şimdi iş hayatında çocuğunun ona en çok ihtiyaç duyduğu saatlerde kariyer basamaklarını tırmanma yarışında vur ha vur ilerliyor. Gün gelecek, kariyerini yavrusuna tercih eden anne, sevgisini koklatamadığı yavrusu tarafından yaşlılık döneminde "dâru'l-aceze"ye terk edilecek. Ne ki anne bu acı sondan habersiz.Kan ter içerisinde kendini felakete götüren yolun taşlarını elleriyle döşediğinden haberi yok.

Amcalarının evleri önünde babaannelerini almak için münakaşa eden çocukların yerinde bugün, "İhtiyar kadın! Otur oturduğun yere." diye hitap eden üniversiteli kızlar var. Babaannesini bir feribotla İstanbul'dan Bursa'ya götüren bir kız, bir ara okuldan tanıdığı bir erkeği görünce, babaannesini olduğu yerde bırakıp onun yanına gitmiş. Aradan uzun bir zaman geçmesine rağmen dönmeyince, merak eden babaanne yaşlı haliyle feribotta onu aramaya koyulmuş, torununu bir köşede bir erkekle kucak kucağa görünce, "Kızım bu ne hal?!" diyemeden, torunundan azar yemiş; "İhtiyar! Dön yerine ve iniş vaktini bekle, gelir, seni yerinden alırım."

Doksan yaşında iffet yarası her gün biraz daha derinleşen bir dede, torununa yazdığı bir mektupta şunları söylemiş: "Sevgili Kızım! Seni yarı çıplak halde görmek beni kahrediyor. Uykularımı kaçırdın. Her gece başımı iki elimin arasına alıp içinden çıkılmaz düşüncelere dalıyor, kendimi toparladığımda ise ellerimi kaldırıp, 'Ya Rabbi! Canımı al da bu kahredici görüntüleri seyretme mahkumiyetinden kurtulayım.' diye yalvarıyorum. Fakat duam kabul olmadı. Dünyada daha çekeceğim ızdırab varmış. Bütün bunlar bir tarafa, asıl ahireti düşünüyorum, nasıl Allah Rasûlü'nün ﷺ huzuruna varıp da 'Bunlar benim ailemden.' diyebilirim. Dünyasını yıktığınız dedenizin ahiretini de mahvettiniz."

### Hangi Hayat Yaşanmaya Değer?

Üç yaşında "ayıp" kelimesini duyunca hayadan yüzü kızaran kız çocukları da bu ümmetin evlerinde büyümüştü. Hatırlayın! Büyük ablalarınız her gece babalarınızı kapıda karşılar, hal-hatır ederdi. Yaşı otuzun üzerinde olanlar okula annelerinin yamadığı pantolonla giderdi. Ailede para yoktu fakat kanaat ve huzur vardı.

Kadını "özgürlük" gibi tahrik edici kelimelerle evden aldılar, büyük bir ihanetle onu soyup, koyun gibi kasap vitrinine astılar. Şimdi saçının bir telini bile göstermekten haya eden kızlar yerinde pastanelerde erkeklerle yan yana oturanlar var. Tesettürlü olduğunu zanneden çıplakların sayısı ise her geçen gün artmakta.

Allah Rasûlü'nün ﷺ konuşulduğu evlerde aile önem kazanmış; küçük şefkat, büyük ise saygı görmüştü. O'ndan uzaklaştıkça da dünya hırsı, şehvet ve şöhret marazı büyüdü, bugün insanlığı yutacak hale geldi.

Babaannenin duasını almak için aralarında tatlı münakaşa yapan çocuklar mı, feribotta erkekle sarmaş dolaş halde ninesine, "Dön yerine ihtiyar!" diyen üniversiteli kız mı? Hangisinin hayatı yaşanmaya değer? Resmi kabul merasimlerinde, tesettür olduğunu zannettiği kıyafetlerle eşinin yanında dikilip, erkeklerle tokalaşan ve bunu da büyük bir kazanım olarak gören kadın; bu haliyle mi daha huzurlu, yoksa bir erkekle karşılaştığında "haya"dan yüzünün kızardığı günlerde mi daha huzurluydu?

***

# BUNLAR DA İSLÂM KADINLARI

Her Müslüman evi bir İslâm okuludur. Babalar ve anneler de o okulun öğretmenleridir. Anneler bir lisan merkezinin bir yılda öğretemediği dili bir yaşındaki çocuğa öğretecek kadar başarılı muallimelerdir.

İslâm, evladı için hem bir öğretmen, hem bir muhafız, hem bir mürşid olan anneyi alır; baba, irfanıyla nerelere kadar çıkabildiyse onu da oraya kadar yüceltir. Erkeklerin önünde "üsve-i hasene" olarak Hz. Ebûbekir varsa, onların arasında da meleğin bizzat selam verdiği Hz. Âişe var.

Allah Rasûlü'nün ﷺ erkek öğrencileri nasıl Mekke'de ev ev dolaşıp her gördüklerine İslâm'ı anlattıysa, kadın öğrencileri de benzer zorluklara göğüs gererek hemcinslerine İslâm'ı tebliğ ettiler; ev ziyaretleri yaptılar, tebliğ için sokaklarda dolaştılar gördüklerine; "Haberin var mı, Allah Teâlâ Muhammedu'l-Emîn'i ☙ peygamber olarak gönderdi" dediler. İnsanlara "niçin" yaratıldıklarını ve neden elleriyle yaptıkları putlara ibadet ettiklerini sorup, onları Allah yoluna çağırdılar.

Kadınlar İslâm'a davette en az erkekler kadar önde yer aldı. Onlar da tebliğ etti, onlar da mallarını, canlarını ortaya koydu, şehit verdi.

Allah Rasûlü ☙ Cibrîl-i Emîn'le buluşmanın etkisinden henüz çıkamamıştı ki, Hz. Hatice O'nu teselli etti ve "Sen Allah'ın Nebîsisin" diyerek iman etti. Melekler de Onu ☙ iman ehramının zirvesi yazdı.

Hz. Hatice, Efendimiz'e ☙ iman etme önceliğinde, Kur'an-ı Kerîm'in Allah Rasûlü'nden hemen sonra zikrettiği Hz. Ebûbekir'den de önde... Erkeklerin zirvesi Hz. Ebû Bekir gibi o da malını İslam için ortaya koydu ve Allah Azze ve Celle'nin talimatlarını tebliğ etti.

Hz. Hatice ile başlayan İslâm kadınları silsilesinde birler onlara karıştı ve hepsi derin bir mahremiyet içerisinde, "Bize düşen vazife ne ise buyur Ya Rasûlallah!" dedi. Bu yolda bedel ödeyeceklerini, belki eşleri tarafından terk edileceklerini bildikleri halde "buyur" dedi onlar. İman lezzetini tadan "o büyük kadınlar" istiyorladı ki Mekke'de bütün kadınlar bu zevki tatsın ve "La ilahe illallah" deyip kurtulsunlar.

## Ümmü Şerîk

Kur'an-ı Hakîm'in bizzat "Mümin kadın"[44] diye bahsedip tebcil ettiği Ümmü Şerîk ❀ de imanı için bedel ödeyen büyük kadınlardandı. Müslüman olan eşi, Ebû Hureyre ❀ ile birlikte Medine'ye hicret edince geride yalnız kalmıştı. Eşinin adamları evine gelip ona, "Korkarız ki sen de Müslüman oldun." dediler. Ümmü Şerîk'in yüreğinde imanı o derece muhkemdi ki, müşriklerin şevketlerini kırıp parçalayan bir ses tonuyla, "Evet! Allah'a yemin olsun ki ben de eşimin dini üzereyim. Müslümanım." dedi.

Müşrikler, "Neden Mekke sokaklarında dolaşıyor, niçin gördüğün her kadına İslâm'dan bahsediyorsun, biz bunu sana yasaklamamış mıydık?" dedi ve onu da yanlarına alıp çöle çıktı. Kendilerince uygun olan bir menzilde yüklerini indirip, çadırlarını kurdular. Yediler, içtiler; Ümmü Şerîk'e ise hararet yapması için sadece balla ekmek verdiler. Çölün kızgın kumlarında, kavuran güneşin altında "su, su" diyen Ümmü Şerîk'i zevkle izliyor; o "su su" diye kıvrandıkça, "Muhammed'in dinini inkâr edene kadar su yok!" diyorlardı. İşkence o kadar uzun bir müddet devam etti ki nihayet Ümmü Şerîk aklını, işitme ve görme melekelerini kaybetti. Bu halin Ümmü Şerîk'in inkârına sebep olacağını düşünen müşrikler, işkencenin dozunu düşürmezler.

Herşeyini kaybeden bir kadın, Mekke çöllerinde

---

[44] Ahzâb: 50.

kavurucu güneşin altında, yalnız başına müşrikleri-ne direnmeye devam ediyordu. Ümmü Şerîk bir şey-ler mırıldanınca, onlar artık İslâm'dan döndü zan-nediyor, seviniyor, yanına yaklaşıp onun kararlığını görünce büyük bir öfkeyle kaldıkları yerden işkence-ye devam ediyorlardı. Bunlar olurken, o Allah Rasû-lü'ne ﷺ bütün varlığıyla iman ettiğini duyurabilmek için, sadece semaya doğru kaldırabildiği parmağıyla "Kelime-i Tevhîd"i ilan etti.

Çölde kendinden geçen Ümmü Şerîk bir an göğsü-nün üzerinde bir serinlik hissetti, toparlandı ve kar-şısında gökten ona doğru sarkıtılan bir su gördü. Hz. Meryem'e gökten sofra indiren Allah Teâlâ,[45] Ümmu Şerîk'e de indirdi. Susuz bıraktıkları Ümmü Şerîk'in suya kanmış halini gören müşrikler, kaplarının açıl-madığını, suyun da tek yudum eksilmediğini görünce iman eder ve topluca Medine'ye giderler.[46]

Küfür, devleri cüceleştirirken; İman yalnız başına direnen bir kadını devleştirir. Eşinden ayrı kalan bir kadın bütün ızdıraplarını unutur; şehirde yalnız başı-na kapı kapı dolaşır, İslâm'ı tebliğ eder. Yakalanır, çöle çıkarılır, işkenceye maruz kalır. İmanı dışında herşe-yini kaybeder fakat direnmeye devam eder, sonunda düşmanlarının da hidayetine vesile olur.

Ümmü Şerîk her asırda on binlerce İslâm kızının ruhunda yeniden doğar. Başörtüsü zulmüne, çar-

---

[45] Âl-i İmrân: 37.

[46] Bk. İbn Sa'd, *et-Tabakâtu'l-Kübrâ*, VIII, s.154-8.

şaf mezalimine direnen İslâm'ın kızlarının önünde, küfre meydan okuyan Ümmü Şerîk'in o hali vardır. Okulda, ders arasında gördüğü her arkadaşına tebliğde bulunan, "Allah var, sana seni soracak." diyen mübelliğelerin imamesi Ümmü Şerik'tir. Ümmü Şerîk'in çağdaş talebeleri her boşluğu davalarını anlatıp bir kişinin hidayetine vesile olmak için fırsat kabul ederler. Kapılar yüzlerine kapansa da, önlerine engeller konsa da onlar yürüyüşlerine devam ederler, her durumda asıl vazifeleri olan "kulluğun" gereğini yaparlar.

Kadın sahabilerin sayıları azdı fakat bu, onların Mekke'nin her sokağında, Medine'nin her evinde her kadına ulaşıp, "Durun kalabalıklar bu cadde çıkmaz sokak!" demelerine engel olamadı. Onların önünde de evlerine kapanıp İslâm'ı tebliğ etmelerine mani olacak yığınla sebepler, nâmütenahi engeller vardı. Onlar, Allah-u Ekber demenin bedel istediği bir dönemde meydan yerine çıkıp insanları İslam'ı yaşamaya çağırdılar.

İslâm'ın en hızlı intişar ettiği Sahâbe döneminin en temel özelliği, Müslümanların tebliği hayatlarının asıl vazifesi ve memuriyetlerinin bir gereği olarak görmeleriydi. Bunun için ticaret yapar, bunun için hicret ederlerdi. Erkekleri gibi kadınları da büyüktü Sahâbenin. Kadınlar da erkekler gibi İslâm'da, imanda, itaatte, sadakatte, sabırda, huşuda, sadakada, oruçta, iffeti korumada, zikirde zirve noktalara çıkabilirdi, Allah'ın büyük mükafat vereceğini vaat ettiği on sınıfın her birinde kadınlar da vardı.[47] Bu yüzden Allah Rasûlü, "Bunlar da benim yıldızlarım, fakat yazı tahtam yok ki onları size resmederek göstereyim." dercesine bir çubukla yere dört çizgi çizip, "Bunlar Cennet kadınlarının efendileridir." diyerek Ümmeti'nin kızlarına Hz. Hatice, Hz. Fâtıma, Hz. Meryem ve Firavun'un eşi Âsiye'ye uymayı tavsiye etmişti.

### Büyük Kadınların Metaneti

Tohum, toprakta bir halden diğerine girer. Dağılır, erir sonra büyümeye başlar, kocaman bir ağaç olur. Büyük kadınlar da oluş süreçlerinde büyük mihnetlere maruz kalırlar. Kimi içerden, kimi dışardan engellenir fakat onlar engellendikçe "ben"lerinden kurtulur, hürleşir, devleşir, deniz feneri gibi rotasını kaybedenlere yol ve yön gösterirler.

Hz. Hatice malını infak ederek; Hz. Fâtıma, devlet başkanının buğday ekmeğinden karnını doyurmayan zahide kızı olarak; Hz. Âsiye, Firavun gibi bir zalimin eşi olmanın da İslam'ı yaşamaya engel olamayacağını göstererek; Hz. Meryem, bir İslam kızının ruh bekâretini iffet ve imanla nasıl muhafaza edebileceğini anlatarak, Allah Teâlâ'ya nasıl "kul" olunacağını, belalara nasıl sabredileceğini öğretir.

---

[47] Ahzâb: 35.

## Bu Çarşaf Ölüm Meleğiyle Çıkar

Çocukken babamın bizi götürdüğü bir doktor hanım vardı. İslâm'ı, ahlak boyutuyla yaşar, çocuklar bile "Bu doktor hanımın tek eksiği tesettür." derlerdi. Muayenehanesinde uzun sıra olur, köyden kentten gelen "Acaba hastalığımın tedavisi mümkün mü?" diye korku içinde olanları hem tedavi eder, hem de onlara moral verirdi. Hastalara bir müşteri gibi değil; duasına muhtaç olunan, Allah'ın bir kulu gibi bakardı.

Doktor sonraki yıllarda fıtratıyla barıştı, tesettüre girdi. Eşi "Olmaz, seni bu halde kabul edemem" dedi. O, "Neden olmasın ki, sen de benim gibi bir kulsun ve sen de Rabbim'in emirlerini yerini getirmekle sorumlusun. Tesettür karışacağın bir alan değil. Allah'a isyan olan hususlarda kullara eş de olsa itaat haramdır. Bu çarşaf, bu bedenden bir kulun talimatıyla değil ancak ölüm meleği geldiğinde çıkar." diye cevap verdi. Eşi dayattıkça o direndi. Uzun yıllar devam eden bir evliliğin sonuna gelindi. Adam "Bu çuvalla arabama binemez, olduğum ortamlarda bulunamaz, evime de giremezsin." deyince; İslâm'ın imanla yücelttiği, tesettürle onurlandırdığı, hayatın gayesine erdirdiği doktor hanım, hayatının en zor tercihini yaparken Rabbi'nin tesettür emrini hiç pazarlık mevzuu yapmadı... Yeni bir hayat başladı. Dirilmek için ölen bir hayat...

## Riyasız Direnişler

Gelir düzeyi yükseldikçe, eşinin ya da kendinin toplumsal itibarı arttıkça "tesettür"den çıkıp, "teberrüc"e giren, kapanmayı daha güzel görünme ya da kariyerini koruma vasıtası olarak kabul eden kadınlara inat; Allah ve Rasûlü'nün ﷺ tesettür talimatı nasılsa gereğini yapan; mücadelelerine bir ev halkının, bir de Allah'ın şahit olduğu riyasız direnişlerin kahramanı kadınlar da var...Kim bilir akşam olup da hava karardığında ya da eşleri evlere döndüğünde o duvarlar, o kadınların maruz kaldığı ne hakaretlere şahit oluyordur. Kiminin eşi söver, kimininki döver. Kimi ayyaştır, kimi kumarbaz... Kimi "Açıl!" der, kimi "Namaz kılamazsın!" diye bağırır. Onlar da dağ gibi bir sabırla direnir. Aileyi korumak için her nevi hakarete tahammül eder; yavrularından ayrı kalmamak, onların Ahiretlerini kurtarmak için "Lütfun da hoş, kahrın da hoş ya Rabbi!" der. Gece yarılarında seccadenin üzerinde ellerini kaldırıp "Akşam olduğunda valinin, kaymakamın kapısı kapanır fakat senin ne uyuklaman, ne de uyku halin vardır[48] Ya Rabbi! Mazlumlara ancak sen icabet eder, kullarına yalnız sen imdat edersin! Örtündüm diye sövülen, namaz kıldım diye dövülen bir kadın olarak huzuruna geldim. Duy sesimi Ya Rabbi! Dünyada gülmedim, gülmeye dair umudum da kalmadı. Ahiretimi Cennet et ki onun-

---

[48] Bakara: 255.

la teselli olayım; Cemalinle şereflendir ki belaları unutayım Ya Mu'în!" diye yalvaran, direnen Ümmü Şerîkler'i var şehirlerin, mahallelerin... Onlar o muhteşem direnişlerine kendi dünyalarında izzetle, sabırla her gece kaldıkları yerden devam ederler. Onların kıyafet tarzlarını gösterip beğeni toplayacakları ne gazete köşeleri, ne de reyting alacakları televizyon programları var. Tek tesellileri, korumak için hayatlarını ortaya koydukları "Allah'a kul olmak" rütbesi.

Bela büyütür, bela oldurur, bela erdirir insanı. Kiminin imtihanı, benzer konumdaki kadınlara usanmadan nasıl sabredeceklerini, Ahiret'te büyük ecirlere nasıl nâil olabileceklerini anlatabilmek için ölene kadar devam eder. Kiminin çilesi de dünyada biter. İmtihandan içeri imtihan, sırdan öte sırlar var hayatta. Düşünmekle, konuşmakla anlaşılamayacak, âteşîn zekaların bile çözemeyeceği derinlikte sırlar...

### Eşlerinin Hidayetine Vesile Olan Kadınlar

Büyük kadınlar mücahedeyle dolu hayatlarıyla; bir kadının, eşinin hidayeti için nasıl mücadele edeceğine dair pratikler de ortaya koydular. Mekke-i Mükerreme fethedilince Ebû Cehil'in oğlu İkrime Yemen'e kaçtı. Eşi Ümmü Hakîm Bint-ü Hâris, Allah Rasûlü'ne gelip, İkrime için eman istedi. Allah Rasûlü'nden müsbet cevap alınca kalkıp Mekke'den Yemen'e gitti, eşini buldu, "Allah Rasûlü her geleni affediyor, seni de affetti, haydi dönelim." dedi, eşini alıp Mekke'ye geldi. İkrime Müslüman oldu. Daha sonra bir savaşta şehid düştü. Dul kalan eşi Ümmü Hakîm, hayatını devam ettirebilmek için iddeti bittikten sonra Halid b. Saîd ile evlendi. Dimeşk'te Merce' Suffer denen yerde düğün yapıldı, "velime" ikram edildi. Henüz sofradan kalkmadan Rumlar baskın yapınca Ümmü Hakîm'in ikinci eşi Halid b. Saîd de şehid oldu. Bunun üzerine Ümmü Hakîm kalktı, eşinin kaldığı yerden cihada iştirak etti, gerdeğe girdikleri çadırın direğiyle yedi Rum askerini öldürdü.

Bir İslâm kadınının; "eşinin hidayetine vesile olmak için nasıl mücadele edeceği, yollara düşeceği, onu arayıp bulup getireceği, gerektiğinde nasıl cihad meydanlarında düğün yapacağı", zihinlerde en güzel ve en canlı haliyle kalsın diye; Ümmü Hakîm'in evlendiği, düğün yemeğinin ikram edildiği yerin yanındaki köprüye adı verildi; "Kantarat-u Ümm-i Hakîm/ Ümmu Hakîm Köprüsü" dendi.[49]

### Dört Mevsim Ev Halleri

Dünya, farklı hallerin mahşeri gibidir. Hanımlarına "İslâm kıyafeti" için ısrar eden adamlar olduğu gibi, örtündü diye eşleri tarafından dövülen kadınlar da vardır. Hayatın her mevsiminde başka bir imtihan ve her imtihanda da diğerlerine benzemeyen detaylar vardır.

O halde eşi namaz kılmayan, her akşam eve ayyaş olarak gelen kadın olayı nasıl yönetmeli ve ne

---

[49] Bk. İbn Esîr, *Usdu'l-Ğâbe*, VII, s.309.

yapmalı? Ümmü Hakîm bir eş olarak Allah Rasûlü'nün ﷺ, "bu Ümmet'in Firavun'u" dediği Ebû Cehil'in oğlu put ustası İkrime'yi, Allah Rasûlü'nün ﷺ huzuruna Müslüman olarak çıkarmayı nasıl başarmıştı? Kadınlar eşlerinin hidayet mücadelelerine başlarken bu soruyu da sormalı kendilerine. Bir kadın Ebû Cehil'in oğlunun hidayetine sebep olabildiyse, "Sabredersem Allah Teâlâ bir gün bize de o saadet kapısını açar." diye hep bir umut taşımalı. Her gün farklı sıkıntılar yaşamasına sebep olan eşinde eğer bir umut ışığı görüyorsa -boşanmanın son çare olduğu bilinciyle- hidayeti için usanmadan dua etmeli. Kurtuluşuna vesile olabilmek için çözüm ve çare aramalı.

Kadın ya da erkek birbirlerine olan saygının da bir gereği olarak her fırsatı hidayete vasıta kılmalı. Ümmü Hakîm, Allah Rasûlü'nün ﷺ, Kâbe avlusunda toplanan eski düşmanlarının tamamına, "Bugün size azarlama yok." dediğini duyup, huzura girenin affedildiğini görünce içinde bir umut belirdi. Benim eşimi de affeder" dedi ve pek çok kadının yapamayacağını yaptı, kafir bir eş için "eman" istedi. Kalkıp Yemen'e gitti.

Sahâbe, bütün İslâm kadınlarına örnek olsun, bir yıldız gibi "hayatın karanlık noktalarını" aydınlatsın diye evlendiği bölgedeki köprüye Ümmü Hakîm'in adını koydu. Biliyorlardı ki her toplum yıldızlarıyla ya olur ya ölür; ya yön bulur ya da yok olur.

## Batı İslâm'ın Ufkunu On Üç Asır Sonra Görebildi

Kur'an-ı Kerîm, insanlığın ufkuna esastan müdahil oldu. Kadınla erkeği; imanda, takvada, teslimiyette ve bütün bunların hulâsası sevaba nail olmada aynı yere yükseltti. Batı, Allah Rasûlü'nün ﷺ işaret ettiği ufku ancak 13 asır sonra görebildi fakat sadece gördü, içine giremedi. Kadına anne olma şerefini veremedi. Bu yüzden fabrika bacalarını yükselttikçe, gayri safi milli hasılasını arttırdıkça ailesi eridi. İslâm'a göre ise; bir kadını, ne 18 yaşına geldiğinde "Artık ayakları üzerinde kalmayı öğrenmeli." diye ebeveyn, ne de yaşlandığında "Sana daha fazla tahammülüm kalmadı." diye evlatları sokağa bırakabilir. O annedir ve Cennet onun ayakları altındadır.

## En Fedakâr Öğretmenler: Anneler

Anneler, mesai mefhumu bilmeyen, ek ders almayan, "Bu iş benim branşım değil" deyip kenara çekilmeyen, çocukların her meselesiyle her saat ilgilenen, bir gecede defaatle sıcacık yatağından kalkan, yavrusu rahatsız olduğunda sabaha kadar başucunda bekleyen, her bir lokmayı yemesi için evladına yalvaran, üşüdüğünde üşüyen, ağladığında ağlayan konuşmayı, gülmeyi, yemeyi, içmeyi hasılı insan olmayı öğreten en fedakar öğretmenlerdir. Çocuklara hayatı ilk onlar anlatır. İmanı, hayayı ilk annesinden öğrenir çocuk. Onlar evlatlarının gelecekleri için aç kalır, aziz olsunlar diye zillete razı olurlar.

## "Ben Müslüman, Sen Kafir"

En büyük anneler, Allah Rasûlü'nün ☙ kadın öğrencileri arasından çıktı. Ümmü Süleym Müslüman olunca eşi Malik tarafından terk edilerek oğlu Enes b. Malik'le ortada kaldı. Anne Ümmü Süleym, oğlunu tercih ederek uzun zaman evlilik tekliflerini geri çevirdi. Enes (r.a.) belli bir çağa gelince; Ebû Talha'nın evlilik teklifine, "Senin gibi biri geri çevrilmez fakat sen kafir, ben müslüman... Bu halde olmaz.[50] Yer ve göklerin sahibi Allah'ı bırakıp da yerde biten ve Habeşli bir ustanın elinde şekil bulan ağaç parçasına ilah diye ibadet etmekten utanmıyor musun Ebû Talha? Eğer Müslüman olursan, mehrim de senin olsun. Allah ve Rasûlü'ne ☙ teslim olmandan başka talebim yok." diye karşılık verdi. "Düşüneyim" dedi ve gitti Ebû Talha. Bir müddet sonra geldi ve "Bütün varlığımla şehadet ederim ki, Allah'tan başka ilah yok ve Hz. Muhammed de Onun Rasûlüdür" dedi. Bunun üzerine Ümmü Süleym oğlu Enes'e, "Kum Yâ Enesu fe Zevvic Eba Talha/Kalk Enes Ebû Talha'nın nikahını kıy!" buyurdu.[51]

Müslüman olduğundan dolayı eşi tarafından terk edilen, oğlunun İslâm'a göre neşv-ü neması için de uzun zaman evlenmeyen Ümmu Süleym; Ebû Talha'nın evlilik teklifini daha rahat bir hayat için fırsata çevirme gibi ucuz bir yola teşebbüs etmedi, "Bu teklif-

---

[50] İbn Esîr, a.g.e., VII, s.333.

[51] Nesâî, Nikah, H. No: 3340.

ten bir hidayet çıkar mı?" diye baktı hadiseye.

Sonraki kuşaklara yön veren "büyük kadınlar" mutluluğu hasırda, halıda, dekorasyonda değil imanda aradığı için; Ümmü Süleym gibi, muhataplarına "Tek bir çeşidiyle dünyalık bir talebim yok, tek şartım Müslüman olmandır." dediler.

Bir tarafta Habeşli bir ustanın yaptığı ağaçtan bir ilah, diğer tarafta ise Allah Teâlâ, Rasûlü ﷺ ve Medine'nin en iffetli kadınlarından Ümmü Süleym... Ebû Talha, bir müşrik olarak ayrıldığı Ümmü Süleym'in kapısına bir mümin olarak döndü.

## Öncü Kadınlar

Kadınların da öncüleri var. Sessiz sedasız Medine evlerini Kur'an okulları haline dönüştüren Haticeler çıkar onlar arasından... Ümmü Şerîk gibi zor zamanlarda dahi İslâm'ı tebliğ etme vazifesinden ödün vermeyen; Ümmü Hakîm gibi eşlerinin hidayeti için bir ülkeden diğerine giden, eşini arayıp bulan, Allah Rasûlü'ne ﷺ getiren; Ümmü Süleym gibi Müslüman oldu diye terk edilen fakat yılmayan, sonunda hem Enes'inin büyük bir âlim olarak yetiştiğini gören, hem de mutlu bir aile kuran kadınlar....

Dün olduğu gibi bugün de kadınların önünde, her biri yaşadığı ülkenin kahir ekseriyeti tarafından tanınacak kadar üne sahip şehvetperestler; diğer tarafta ise burnunu göstermekten haya eden Sahâbe kadınları ve onların izinden giden çağın Müslüman kızları var.

### Pusulardan Uzak Dur

Modaya aldanan, bu aldanmışlığın anaforunda uzun zaman beğenilip-beğenilmeme sorunları yaşayan, acı çeken İslâm'ın kızlarının selametleri için; Ümmü Şerîk gibi bilge, hikmet ve yüksek ahlak sahibi kadınlar çıkıp şöyle demeli: "Kardeşim! Erkekler senden senin bir erkekte aradığından başkasını arzular. Koparılıp atılan bir çiçek olmana fırsat verme! İmkansızı isteme! Sana pusu kuran ve kuracaklardan uzak dur! Senin aşk dediğin, erkekte bir an yaşanan bir zevktir. Mahremiyete sarıl! Modacıların debdebesini Rabbi'nin tesettür talimatlarına değişme! Ruhuna acılar yaşatan hayata 'Paydos!' de. Teselliyi 'Allah'ın rahmetinden umudunuzu kesmeyin.'[52] ayetinde ara! Kadınlığını inkar edercesine erkeğe, erkekliğini inkar edercesine de kadına benzeyenlerden uzak dur! Unutma ki, çağdaş yobazlar bütün mahremiyet duvarlarını ortadan kaldırsa, erkekleri kızlarla 24 saat aynı ortamda tutsa da; bir erkeğin kadına, kadına baktığı gibi bakması gerçeğinin önüne geçemezler, Allah'ın yarattığı insanı kimse değiştiremez."

Ya Rabbi! Yürekleri Âişe, bakışları Fâtıma gibi olan ümmetin kızlarına, Hz. Hatice'nin cesaret, şuur ve metanetini ver, mahremiyet anlayışlarına da kadın sahâbîlerin mührünü vur ki modacıların ağlarından kurtulsunlar, onlara göre değil Kur'an'a göre örtünsünler.

---

[52] Zümer: 53.

Eğer İslâm'ın kızlarını; her birinin ufkunu daraltan ve modern hayatın simsarları olan "yıldızlardan" kurtarabilir, onlara İslâm'ın büyük kadınlarını anlatabilir, bunu yapacak büyük mürebbiyeleri çıkarabilirsek, her nevi tuzaktan kurtulacaklardır. Babalar da bu süreçte onlara karşı vazifelerini eda ederse, Kıyamet günü çocuklar Cehennem'le babaları arasında perde olacak, aksi takdirde babalarının ateşe girmesine köprü olacaklar.

Ey İslâm'ın kızı! Hz. Ebû Bekir ﷺ nasıl büyükse, Hz. Hatice de büyüktür. Ey Erkekler! Sizin ufkunuzda Ebûbekirler varsa, İslâm'ın kızlarının ufkunda da Hz. Haticeler vardır. Bu yüzden erkekler ne kadar yükselebildiyse sizler de en az o kadar yükselebilirsiniz. Unutmayın, önünüzde Cibril'in selam verdiği Hz. Âişe var.

\*\*\*

# - İLK MEKTEBİN BAŞÖĞRETMENLERİ -

## MABED EVLERİN ÖĞRETMEN EBEVEYNLERİ

Farz namazlar cemaatle eda edilirse, bütün nimetlerin sahibi olan Allah Azze ve Celle'ye en üst perdede "ta'zim" arz edilmiş olur. Namazları cemaatle kılmaları için erkekleri camiye davet eden Allah Rasûlü ☜, nafileleri kılmaları için ise onları evlerine yönlendirmiştir. Farz için kemâl vesilesi olan cemaatle namaz, nafile için kerâhettir.

Aile çatısı altında hayırlı nesiller yetiştirmeyi amaçlaması açısından, evlilik de farz namazlar gibi cemaatin şehadetiyle akdedilen bir nevi ibadettir. Başlangıç itibariyle cemaatle eda edilen namaza benzeyen evlilik, devamı itibariyle nafile ibadet gibidir. Çünkü cemiyet içerisinde başlayan evlilik ibadetinin daimi yurdu evdir. Ev, nikah ibadetinin şekillendiği ve var oluş gayesine erildiği bir mabettir (ibadet yeri).

Bu yüzden eşler birbirlerine ve çocuklarına karşı ilahi rızayı gözeterek, sorumluluklarını yerine getirdikleri müddetçe ibadet sevabı alırlar.

Hz. Havva, Hanne, Hatice, Âişe, Fâtıma ﷡ mabed evlerin "üsve-i haseneleri" ve başöğretmenleridir. Neyin, nasıl yapılacağı ya da Allah Azze ve Celle'ye nasıl niyaz edileceğini halleriyle en güzel onlar gösterdiler. Her durum ve şartta Allah'ın emirlerine itaat ettiler, iffetlerini korudular. Hz. Hanne gibi çocuklarını daha doğmadan Allah'a adadılar. O'ndan, kovulmuş Şeytan'a karşı yavrularını ve nesillerini korumasını niyaz ettiler.[53] En güzel şekliyle eş ve anne oldular; nimet anında şükrettiler, sıkıntıda sabrettiler. Onları örnek alan İslâm kadınları da mabed evlerin iffet abideleri oldu; ahlakı, dillerinden ziyade yaşantılarıyla anlattı. Söylediklerini önce kendileri yaptı, söz ve fiillerinde daima ilahi rızayı gözettiler.

İslam'a göre kadın, her nevi ibadetini "mabed evin" hususi bölümünde yapar, orada niyazda bulunur, orada Meryem olur, orada murada erer, orada miracı yaşar. Gecenin bir yarısında "teheccüt", güneşten sonra "işrak", "kuşluk"; akşamın ardından da "evvabîn" namazlarını orada kılar, en halis ibadetlerine orası tanık olur. Evin duvarlarını maddi argümanlar yerine tekbîr, tevhîd, tasliye sesleriyle tezyîn eder.

Hz. Adem, İbrahim, Zekeriyya ve Allah Rasûlü ﷺ "mabed evler"in hem ulu hocaları, hem de yö-

---

[53] Âl-i İmrân: 35-36.

neticileriydiler. Onlar tam bir teslimiyet içerisinde her şey gibi evladın da hayırlısını istediler. Hz. Zekeriyya ilerleyen yaşında çocuk talep ederken, "Allah'a ibadet eden salih nesil" niyazında bulunmuştu. Buna göre "mabed evde" doğacak çocuk, dünyaya "kul olmak için" gelecekti. Onlar iyi hal ve niyetlerin karşılığını, "efendi ve iffetli"[54] çocuklara sahip olarak gördüler.[55]

### Babanın Vazifeleri

Allah Rasûlü'nün ﷺ hadîs-i şeriflerinden kesitler sunarak, "mabed ev"de öğretmen olacak ebeveynlerin çocuklarına karşı sorumluluklarının neler olduğunu ve onları gerek dünya, gerekse de ahirette mesud edebilmek için nasıl yetiştirmeleri gerektiğini, kalın çizgiler ve mahrem mevzular halinde tahlil edelim:

### İsim Hassasiyeti

Çocuklar Kıyamet Günü kendilerinin ve babalarının adlarıyla çağrılacaklar. Bu yüzden Allah Rasûlü ﷺ çocuklara ya Abdullah ve Abdurrahman gibi kulluğu ifade eden isimleri ya da bizzat kulluğu en güzel şekilde temsil eden salihlerin adlarını vermeyi emretmiştir. Hz. Ömer'in kızı 'Asiye'nin[56] adını "Cemîle"

---

[54] Âl-i İmrân: 39.

[55] Hz. Nuh'da olduğu gibi bunun istisnaları da vardır.

[56] Hz. Ömer'in kızının ismi (ع) harfi ile başlayan ve anlamı "isyan eden kadın" olan عَاصِيَة ; Firavunun eşinin adı ise آسِيَة dir.

ile[57] değiştirmiş, kendi çocuğuna atası Hz. İbrahim'in adını vermişti.[58]

Eğer ebeveyn çocuğa isminin manasını anlatır, zaman zaman da bunu hatırlatırsa her Ebû Bekir sadakatten, her Ömer adaletten, her Osman hayadan, her Ali de ilim ve şecaatten nasibdâr olur.

### Bir Kulağa Ezan, Diğerine Kamet Okumak

Allah Rasûlü ﷺ doğduğu gün torunu Hz. Hasan'ın sağ kulağına ezân, sol kulağına ise kamet okumuştur. Hz. Ebû Bekir'in torunu (Hz. Esma'nın oğlu) için de aynı şeyi yapmıştır. Çocuğun kulaklarına İslam'ın manifestosu mesâbesinde olan ezân ve kameti okuyarak, Allah'ın yaratma kanununun bir sonucu olarak dünyaya gelen yavruya İslam kanunlarına göre yaşamayı; ebeveyne de çocuğun hangi esaslar çerçevesinde ve nasıl bir gaye uğrunda yaşaması gerektiğini hatırlatmıştır.

### Çocuğa "Tahnîk" Yapmak

Allah Rasûlü ﷺ, çocukları süt emmeye hazırlamak ve peygamber parmağıyla vücutlarını bereketlendirmek amacıyla, ağzında bir miktar çiğnediği hurmanın bir çiğnemini, doğumun hemen akabinde onların ağızlarına sürer, yani tahnîk yapardı. Ebû Musa yeni doğan oğlunu Allah Rasûlü'ne ﷺ götürdüğünde, ona

---

[57] Tirmizî, H. No: 2838.
[58] Müslim, Fedâil, H. No: 2315.

İbrahim adını koyduğunu, hurmayla tahnik yapıp, bereket duasında bulunduğunu rivayet etmektedir.

### Sadaka Vermek

Allah Rasûlü ﷺ kızı Fâtıma'ya, oğlu Hasan ve Hüseyin'in saçlarını doğumlarının yedinci gününde tıraş edip, ağırlığınca tasaddukta bulunmasını emretmişti. Böylece hem çocuk daha sağlıklı olacak, hem de doğduğu andan itibaren insanlara fayda sağlayacak, toplumda yardımlaşma, merhamet ve sorumluluk gibi duyguların gelişmesine katkıda bulunacaktı.

Ebeveyn sadakayla kendilerine evlad ihsan eden Allah Teâlâ'ya şükrü îfa edecek; fukara da çocuğu onun vesilesiyle aldıkları hediyelerle hatırlayacak, hayırla yâd edecekti.

### Akika Kesmek

Ebeveyn çocuğu için kestiği akika kurbanının kemiklerini kırmadan, mafsallarından böler ve bu şekilde pişirir ve dağıtır. Nitekim Allah Rasûlü ﷺ Hz. Fâtıma'ya, Hasan ve Hüseyin için kestiği akikanın kemiklerini kırmamasını emretmiştir.[59] Böylece hem et olarak verilen hediye bir kıymet arz eder, alan sevinir; hem de ebeveyn, çocuklarının uzuvlarının selameti için tefe'ülde bulunmuş olur.

---

[59] Ebû Dâvûd, *Merâsîl*, Müessetü'r-Risâle, Beyrut, s. 278, H. No: 379.

### Sünnet Yapmak

Ebeveyn çocuğu sünnet (hitân) yaparak hem fıtratını korur hem de vücuduna İslâm mührünü vurur. "Doğru yola yönelerek İbrahim'in dinine uy!"[60] mealindeki ayet-i kerimede belirtildiği gibi, fıtrat korunarak İbrahimce yaşamanın önü açılır.

### Çocuklar Arasında Adil Olmak

Allah Rasûlü 變, ebeveyne kız- erkek ayırımı yapmamayı, çocuklar arasında adil olmayı emretti. Kur'an-ı Kerîm'in lisanıyla, kız çocuklarının varlığından utanç duyan cahiliyye taassubunu reddetti: "Onlardan birine kız müjdelendiği zaman öfkelenmiş olarak yüzü kapkara kesilir. Kendisine verilen müjdenin kötülüğünden dolayı kavminden gizlenir. Onu aşağılık duygusu içinde yanında mı tutsun, yoksa toprağa mı gömsün! Bakın ki verdikleri hüküm ne kadar kötüdür!"[61] Allah Rasûlü 變 bu taassubu reddedişini uygulamalarıyla da teyit etmiştir. Nitekim Hz. Zeyneb'in Ebû'l-Âs'tan olan kızı Ümâme'yi (Allah Rasûlü'nün 變 torunu) omuzlarında taşımış; ayrıca kendisine takdim edilen hediyeyi, "Bunu benim katımda en sevgili olana gönderin." diyerek Onu taltif etmiştir.

### Ebeveyn Neleri Öğretmeli?

Allah Rasûlü 變 ebeveyne, çocuklara peygamber ve

---

[60] Nahl: 123.
[61] Nahl: 58-59.

ehli beyt sevgisini aşılamayı ve nebevî sevgi ikliminde onları yetiştirmeyi emretmiştir. Sahâbe de peygamber sevgisini eğitimin esası olarak görmüştür. Sa'd b. Ebî Vakkâs ☙ şöyle demektedir: "Çocuklarımıza Kur'an-ı Kerîm'den bir sure öğretir gibi Allah Rasûlü'nün ﷺ gazvelerini öğretirdik."

### Çocuk Ne Zaman Namaza Başlar?

Ebeveyn, çocuklar temyiz çağına yaklaştığında (5-6 yaşlarında) kıraat namazın farzlarından olduğundan, "Çocuklarınıza yedi yaşına girdiklerinde namaz kılmayı emredin"[62] hadîs-i şerîfi gereği onlara Kur'an-ı Kerîm okumayı öğreterek namaza hazırlar, yedi yaşında da namaza alıştırırdı. Ebeveyn, "Evlerinizi kabir yapmayın." hadîs-i şerîfi gereği sabah, akşam ve yatsı namazlarını tek başına kılarken de kıraati cehrî yaparak onların namaza katılmalarını teşvik eder.

### Baba Olarak Peygamberler

Baba olan peygamberler, önce çocuklarına karşı sorumluklarını yerine getirdiler, sonra da onların hayırlı olmaları için Allah Azze ve Celle'ye niyazda bulundular. Hz. İbrahim, oğlu İsmail'i ilahi emir gereği önce ekinin ve suyun olmadığı vadiye bıraktı. Hz. İsmail orada yetişti. Sonra İsmail'i Allah yoluna adayışın gereğini yaptı, yere yatırdı, ona bedel olarak göklerden kurban geldi. Hz. İbrahim Allah'a kul bir baba

---

[62] Ebû Dâvûd, Salât, H. No: 495.

olarak vazifesini îfa ettikten sonra, "Allah'ım! Bizi sana boyun eğenlerden kıl." diye dua etti; Hz. İsmail'in neslinden, "O'na itaat eden bir ümmet çıkarması" temennisinde bulundu.[63] İbrahimî duanın da bereketiyle o soydan Allah Rasûlü ﷺ dünyaya geldi.

### Nikah Ne Zaman İbadet, Ev Ne Zaman Mabed Olur?

Ebeveynler evi doğru tarif eder, birbirlerine ve çocuklarına karşı sorumluluklarını yerine getirirlerse nikahları ibadet, evleri de mabet hükmünde olur. Eşler, "mabed evler"de nikahın da verdiği ünsiyetle birbirlerini haramdan korurlar. Kin, nefret gibi kötü hasletler "mabed evler"de istihâleye uğrar, muhabbet ve ülfete dönüşür. "Mabed evde" yardımlaşma ve tesanüd vardır.

Çocuklar Allah'ı, peygamberi, kitabı, kıbleyi, seccadeyi hasılı kulluğu "mabed evler"de öğretmen ebeveynlerin nezaretinde öğrenirler. "Göz aydınlığı" çocuklar orada yetişir.

*** 

---

[63] Bakara: 124, 128.

## PEYGAMBER ÜNİVERSİTESİNİN
## KADIN ÖĞRETMENLERİ

Kadınlar da erkek sahabiler gibi Allah Rasûlü'nü ﷺ esas alıp; örflerini, adetlerini terk etti ya da değiştirdi. Hayatı O'nun ﷺ talimatlarına göre tayin etti. O'nunla yeniden var oldu; dünyalarını O'nun ﷺ değerleriyle inşa etti.

Allah Rasûlü ﷺ kadın öğrencilerine hayatın merkezi olarak evlerini gösterdi. Kur'an-ı Hakîm de onlara farklı vurgularla aynı hakikati söyledi: "Evlerinizde İslâm kadını olmanın vakarıyla durun."[64] Buna göre; okuyup öğretmen, doktor, muallime, edibe, şaire olabilecek fakat bütün bu olurlar içerisinde asıl anne olacak; evdeki vazifeyi asli görev, hariçtekini ise izafî kabul edeceklerdi. Yani annelik vazifesini hakkıyla îfa edebilmek için okuyacaklardı.

---

[64] Ahzâb: 33.

### Muasır Kadının İmanî ve Amelî Duruşu

Şu üç husus sahâbe kadınların esas vazifelerinin ne olduğunu, niçin okuyup, neden hicret ettiklerini ve karşılaştıkları problemleri nasıl aştıklarını göstermesi açısından önemlidir. Zira muasır problemlerin, şahsiyeti yanında imanî ve amelî duruşunu da tahrip ettiği çağdaş kadının yeniden İslâm'a dönüşü Allah Rasûlü'nün ﷺ kadın öğrencilerini tanıması ve onlara ittibâ etmesi ile mümkün olacaktır.

### I. İslâm Kadınının İctimaî Konumu

Hâlâ sorun kabul edilen, İslam kadını niçin okuyacak ve hayatın hangi şubelerinde rol alacak mevzunun cevabı, Allah Rasûlü'nün ﷺ kadın öğrencilerine ne tür görevler verdiği ve onları nerelerde görmek istediği bahsinde mevcuttur.

Efendimiz ﷺ Bedir'e gitmeye hazırlanırken âlime kadın Ümmü Varaka ﵂ gelir ve şöyle bir ricada bulunur: "Yâ Rasûlallah! Lev ezinte lî feğazevtu me'aküm... Müsaade buyursanız da Bedir'de sizinle cihad edip hastalarınızı, yaralılarınızı tedavi etsem; belki Allah Teâlâ beni şehadetle şereflendirir."[65]

### Evde Şehadet

Ümmü Varaka Allah yolunda meydanlarda cihad etme talebinde bulununa kadar evinde kadınlara İslâm'ı anlatır, Medine'deki çocuklara da Kur'an-ı Kerîm

---

[65]  Bkz. İbn Hacer, a.g.e., VIII, s.489.

öğretirdi. Allah Rasûlü de ﷺ zaman zaman onun medrese hükmünde olan evini ziyaret eder, ona hayır duada bulunurdu.

Efendimiz ﷺ hem mahremiyet sebebiyle hem de muallime olması hasebiyle Ümmü Varaka'nın cihada katılmasına sıcak bakmadı fakat ona, istediği şehadete evinde nail olacağını müjdeledi.[66] Her ne kadar Ümmü Varaka ﵂ Allah Rasûlü'ne ﷺ "Ben doktorum, Bedir'de hem cihad etmek, hem İslâm ordusunun yaralarını sarmak, bu yolda ter dökmek sonra da şehid olmak istiyorum" dese de Allah Rasûlü ﷺ, kadının evdeki konumunun Bedir'deki mevziler kadar önemli olduğunu söyledi: "Yâ Ümme Varaka! Uk'udî fî beytiki... Evinde kal Ey Ümmü Varaka! Şüphesiz ki Allah Teâlâ arzuladığın şehadeti sana evinde nasip edecek."

Ümmü Varaka ﵂ bu konuşmadan sonra Bedir'e gitmekten vazgeçer ve evine döner. Kısa zamanda evi büyük bir İslâm okulu haline gelir. Yıllarca o evde Müslümanların çocuklarına Allah'ın ayetlerini, Rasûlü'nün ﷺ, sünnetini öğretir. İslâm kadınları da Ümmü Varaka'nın evinde toplanır, İslâm'ın ne olduğunu ve nasıl yaşanacağını ondan öğrenir.

Ümmü Varaka yıllarca gündüz ders verdi, gece sabahlara kadar Kur'an-ı Kerîm okudu. Hz. Ömer ﵁ Medine'de bir sabah, sahâbeye, "Allah'a yemin olsun ki dün gece teyzem Ümmü Varaka'nın Kur'an-ı Kerîm kıraatini duyamadım" buyurdu. Vakit kaybetmeden

---

[66] Bkz. İbn Hacer, a.g.e., VIII, s.489.

Ümmü Varaka'nın evine gitti, içeri girince onu bir köşede şehid edilmiş halde buldu. Hadise üzerine Hz. Ömer ﷠, Allah Rasûlü'nün ﷺ yıllar önce bildirdiği şehadet haberini kasdederek: "Sadakallahu ve Rasû-lüh/Allah ve Rasûlü ﷺ doğru söyledi" buyurdu.

### Her Ev Bir İslâm Okulu

Medine'de evler aynı zamanda Allah Rasûlü'nün ﷺ kadın öğrencilerinin okuluydu. Orada erdi, orada oldu, orada yavrularını bir Müslüman olarak hayata hazırladılar. Bu yüzden Efendimiz ﷺ, Ümmü Varaka'nın şahsında tüm İslâm kadınlarına evlerini hizmet üssü olarak görüp medreseye dönüştürmeyi telkin etti.

Ümmü Varaka zamanında da kadınları istikâmetten alıkoyacak meşguliyetler vardı. Nitekim Bizans ve Kisra hikâyeleri okumaları ya da şiir dinletileri kadınlar arasında revaçtaydı. Bir mecliste bir kadın hikaye okur, diğerleri de saatlerce onu dinlerdi. Fakat Allah Rasûlü'nün ﷺ kadın öğrencileri toplumun dönüşümünde aktif olarak görev aldı, hikaye ve şiire karşı Kur'an okudu/okuttu, Allah Rasûlü'nü ﷺ anlattı.

### II. Allah Rızasını Tahsil

Allah Rasûlü'nün ﷺ kadın öğrencileri Cenab-ı Hakk'ın rızasını tahsil yolunda hiçbir siyasî ve ictimâî güvenceleri olmadan bir şehirden diğerine hicret etti.

Esma binti Umeys, eşi Cafer'le birlikte ﷠ Mekke'den Habeşistan'a hicret etti. Yıllarca orada kaldı, İslâm'ı tebliğ etti. Daha sonra eşi ve diğer muhacirlerle (Yemenlilerle birlikte) Medine'ye döndü. Allah Rasûlü'nün ﷺ eşlerinden Hz. Ömer'in de kızı olan Hz. Hafsa'yı ziyareti sırasında, Hz. Ömer ﷺ eve geldi ve Hz. Hafsa'ya yanındaki misafirin kim olduğunu sordu. Hz. Hafsa da, "Esma binti Umeys" cevabını verdi. Hz. Ömer, Hz. Esma'ya hitaben: "Sebaknaküm bi'l-Hicrati/Biz sizden önce hicret ettik, dolayısıyla Allah Rasûlü'ne sizden daha yakınız" dedi. Bu şekilde bir kıymet, yıllar önce hicretin zor olanına katlanan Esma'ya ﷺ ağır geldi. Çünkü o ve diğer Habeşistan muhacirleri İslâm'ı yaşayabilecekleri iklimler bulabilmek için hicret etmişlerdi. Gayeleri Allah Rasûlü'ne ﷺ manen yakın olmaktı. Bu yüzden Hz. Ömer'in ifadesi onu derinden sarstı.

Ona, "Küntüm mea Rasûlillah yud'imu câi'akum ve ye'îzu cahilekum/Siz Peygamberle birlikte kaldınız. O aç olanınızı doyurdu, cahilinize nasihat etti. Bizse Hz. Muhammed'in davasını anlatabilmek için gittiğimiz Habeşistan'da ezaya muhatap olduk, gurbeti yaşadık. Hakikat bu minvalde iken nasıl olur da siz Hz. Muhammed'e ﷺ bizden daha yakın olabilirsiniz?" dedi.

Hz. Esma, Hz. Hafsa'nın evinden ayrılır ayrılmaz hadiseyi arz etmek üzere Efendimiz'in ﷺ yanına gider ve şunları söyler: "Ey Allah'ın Rasûlü ﷺ, bütün bu acılara ben sana daha yakın olabilmek, seni anlatıp birisini seninle kurtarabilmek için katlandım. Şimdi Medine'de gölgenizde yaşayanlar size bizden daha yakın olduklarını söylüyorlar." Efendimiz "Lehu ve li Ashâbihi hicretun vahide, velekum entüm ehle's sefineti hicretân/Ömer ve arkadaşları için bir; siz gemi ashâbı için ise iki hicret sevabı var." buyurdu.

### Özgür Olmak İçin Okumak

Allah Rasûlü ﷺ, Hz. Esma'nın amelini kıymetlendirirken ona iki hicretin ecrine muhatap olduğunu söyledi. Neden onun için iki hicretin ecri var? Çünkü Esma ve muhacire İslâm kadınları, farklı iklimlerde mabed evler kurmak için vatan cüdâ olmuştu. Nailiyet kesbeden amel, niyetle doğru orantılıdır.

Daha özgür yaşamak için okuyup öğretmen, doktor, mühendis olan kadın tabiî ki Hz. Esmâ ile aynı mazhariyete nail olamayacaktır. Hâdise, kültür-fizik olsun diye namazdaki şekilleri yerine getirenle, bizzat ibadet olarak onu eda eden arasındaki fark kadar derindir.

### III. Kazanınca Sevinmemek Kaybedince Üzülmemek

Her Müslüman gibi İslâm kadını da kazanınca şımarmaz, kaybedince üzülmez. O, semadan musibet yağdığı anlarda da, Rabbi'nin kendisine şah damarından daha yakın olduğunu hisseder ve teselliyi, "İnnâ

lillahi ve innâ ileyhi râciûn"[67] ayet-i kerîmesini oku-
mada bulur.

Allah Rasûlü'nün ☙ şaire öğrencilerinden Hz.
Hansa bintü Amr'a ☙, Kadisiyye'de dört oğlunun şe-
hid olduğu haberi ulaştığında yıkılmamış, Allah'a
hamd etmiş, "Elhamdülillahillezî şerrafenî bikatli-
him(Bişehadetihim)/Yavrularımın şehadetiyle beni
şereflendiren Allah'a hamd olsun. Rabbimden beni
onlarla Cennetinde buluşturmasını ümit ediyo-
rum."[68] demişti.

Hz. Hansa bir anda dört oğlunun şehadet haberine
muhatap oldu fakat yine sarsılmadı. Çünkü o bir daha
ayrılmamak üzere buluşmanın Cennet'te olduğuna
inanmıştı. Bu yüzden, Ahiret hesabına kazanç teşkil
edecek bir kaybı hamd vesilesi olarak telakki etti.

### Muvâzene

Dünya ve Ahiret muvâzenesini yitiren çağımız ka-
dını, her nevi başarısızlıkta ya da musibette kendini
psikiyatrist desteğine mahkûm hissediyor. Çünkü aile
ve okul ona sadece dünyayı anlattı ve bu yüzden o da
dünyalık bir şey kazandığında sevindi, kaybettiğinde
üzüldü. "Amel-i salih"e, bir seminer programından
alınan belge kadar önem vermedi. Bir mesleğe giriş
sınavını kaybettiğinde hayatın bittiğini düşünecek ka-
dar karamsar oldu. Dengesi bozuldu. Sonra ebeveyni

---

[67] Bakara: 156.
[68] İbn Hacer, a.g.e., VIII, s.112.

yollara düştü, doktor doktor dolaştı fakat kıymet ölçüsü müstakîm olmadığından çare bulamadı.

Allah Rasûlü'nün ﷺ kadın öğrencileri ise Efendimiz'e ﷺ uydular; âlime, edîbe, zâhide, âbide oldular. Senaryoları değil, Hz. Muhammed'e ﷺ inen Kitab'ı ve O'nun ﷺ Sünneti'ni okudular. Ümmü Varaka gibi evlerini mabed ve medrese yaptılar. Hariçte görev almak zorunda kaldıklarında ise bundan istinkâf etmediler, Esma gibi Habeşistan'a gittiler. Orada da kadın kimliğiyle mahremiyeti muhafaza ederek insanları okutup irşad ettiler.

Bir şehirden diğerine, okuyup memur olmak, sonrada parayla eşine karşı hürriyetini kazanmak için giden, kaybedince yıkılan, psikiyatrist kapılarında çare arayan kadını değil; Ümmü Varaka ﷺ gibi evini İslâm okuluna dönüştüren, Esma ﷺ gibi Allah ve Rasûl davasını tebliğ etmek için muhacire olan ya da okuyan, Hansa gibi dört oğlunun şehadet haberini alınca, İslâm'a sadakat göstermenin süruruyla hamd eden büyük İslâm kadınının dönüşünü bekliyoruz.

\*\*\*

## - KALIN ve MAHREM
## ÇİZGİLERİYLE TESETTÜR -

# TESETTÜRÜN NASIL OLACAĞINI KİM BELİRLER; ALLAH TEÂLÂ MI, MODA TASARIMCILARI MI?

Örtünmek "konuşmak/düşünmek" gibi insanı hayvandan ayıran bir (f)asıldır. Varlığın özüne taalluk eder. Bu yüzden Hz. Adem ve Havva yasak ağaçtan tadıp avret yerleri açılınca hemen üzerlerini Cennet yapraklarıyla örtmüşlerdi.[69]

### Tesettür ve Cennet

Yasak ağaçtan yiyip avreti açılınca dünyaya düştü insan. Sonra Allah Teâlâ ona, Cennet'e nasıl yükseleceğini bildiren esasları öğretti, dua cümlelerini vahyetti;[70] Cennet'e iman, amel ve tesettürle döneceğini

---

[69] A'raf: 22.

[70] A'raf: 23.

öğrendi insan... Bunun içindir ki Allah Teâlâ, "Ey Ademoğulları! Size avret yerinizi örtecek giysi ve süslenecek elbise indirdik/verdik"[71] buyurdu. Göklerden inen elbiseye (hükme) bürünerek yükselecek Müslüman. Cennet'in yollarını "tesettür" açacak. Fahruddin Râzî, "Allah, libası insanlar avretlerini örtsün diye yarattı; İnsanı örtünmeye muktedir kılmak gibi ona verdiği büyük nimetine dikkat çekti." buyurdu.[72]

### Tesettür Davası ve İblis'in Adamları

Allah Teâlâ, insanın Cennet'ten düşmesini, tesettür hükmünün inmesini ve Hz. Adem ve Havva'ya avretlerini göstermek için elbiselerini soyan ve onları Cennet'ten çıkaran Şeytan'ın Ademoğluna kurduğu tuzağı[73] aynı bağlamda zikretti. Bununla, tesettür davasının Şeytan'ın hücumlarına açık olduğunu, örtündüğünü zannederek insanları uryan gezdirebileceğini hatırlattı, "Âgâh olun!" dedi. Allah Teâlâ'nın libasa hammadde olacak pamuk ve keten bitkilerini yaratması ve bunlardan kıyafetlerin yapılması, örtünmeyi kabul eden insana rahmetinin bir göstergesidir. Oysa İblis Hz. Adem ve Havva'nın avretlerini açınca, onlar sadece Cennet'in yapraklarını bulabilmiş, onlarla örtünmüşlerdi.

---

[71] A'raf: 36.

[72] Râzî, *Mefâtîhu'l-Ğayb*, XIV, s.51.

[73] Bk. A'raf: 27.

Allah Teâlâ, libası/kıyafeti "enzelnâ/indirdik"[74] fiili ile ifade ederek hem tesettürün azametine, hem indirdiği kitabın onu bizzat koruyacağına, hem de ölçülerinin insanlara bırakılmayacağına işaret etti.

### Tesettür Ahkâmı

İnsanın fıtratında örtünme var. Bu yüzden Hz. Adem ve Havva birbirlerine bakmaktan haya edip avretlerini yapraklarla kapatmışlardı. Ne akıl, ne de vicdanları uryan olmayı kabul etmişti. Örtünme bozulmayan her fıtratın (f)aslıdır, esasıdır. İslâm da o fıtrata uygun yegane dindir. Bu yüzden fıtrat dini olan İslâm her namaz ve tavafta örtünmeyi emreder.[75]

İslâm, fıtrat dini olduğuna, örtünmek de insanın yaratılışında yer aldığına göre neden Allah Teâlâ umumi planda erkeğin, hususi manada ise kadının tesettüründen bahsetti? Kur'an ve Sünnet, tesettür ahkâmını niçin fıtratında örtünme olan insana ya da moda tasarımcılarına bırakmadı?

Allah Teâlâ ezeli ilmiyle, insan fıtratının saf halinde kalmayacağını, Şeytan'ın dokunmasıyla bozulacağını, fezâille rezâili birbirine karıştıracağını, güzeli bırakıp çirkine meyledeceğini, özellikle kadınların açılmaktan zevk alacaklarını, hatta uryana yakın bir halde dolaşacaklarını bildiğinden tesettür ölçülerini insana bırakmadı. Nitekim Allah Rasûlü de ﷺ, "Ümmetimin

---

[74] A'raf: 36.
[75] A'raf: 31.

sonraki kuşaklarında örtülü çıplaklar olacak"[76] buyurarak "hevâ"nın fıtratları tahrîf edeceğini haber verdi.

Allah Rasûlü ﷺ, İblis'in müdahalesiyle fıtrata ihanet edileceğini, vücut yapılarını resmeden sözde kapalı fakat erkeklerin şehvetlerini tahrik cihetiyle açık olan kadınlar güruhunun zuhûr edeceğini bildirerek, Ümmet'inin kızlarını ikaz etti. Kur'an-ı Kerîm ve Sünnet-i Seniyye tesettür esaslarını tayin ederek Şeytan'ın, moda tasarımcıları vasıtasıyla İslâm kadını üzerinde imtiyaz elde etmesinin yollarını kapattı. Allah'ın muradına göre örtünen kadınla, hevâsına göre kapanan kadın, kalın ve mahrem çizgileriyle birbirinden ayrıldı.

Kadının tesettürle alakalı riayet etmesi gereken hususlar erkeğe nisbetle daha tafsilatlıdır. Allah Rasûlü'nün ﷺ, kadın tesettürünün her bir hususuyla alakalı çok sayıda ikaz ve beyanı vardır.

Kadının el ve yüz hariç bütün bedeni "avret" olduğuna göre bu iki uzuv dışındaki bütün organlarını örtmesi farzdır. Buna göre kadının tesettüründe aranan ilk şart kıyafetin bütün bedeni kuşatacak şekilde olmasıdır.

### Cilbâb

Kur'an-ı Kerîm kadının sokağa çıkarken üzerine aldığı dış elbiseye "cilbâb" der.[77] Ulemâ "cilbâb"ın ne

---

[76] Müslim, Libas, H. No: 2857.
[77] Ahzâb: 59.

olduğu ile alakalı şu şekilde mütalaada bulunur: Baştan aşağıya bütün bedeni örten kıyafet, peçe, çarşaf (milhafe), kadının örtündüğü kıyafet; başörtüsünden geniş, ridadan küçük elbise; kadının kıyafetleri üzerine giydiği dış elbise."[78] İbnu'l-Arabî'nin de ifade ettiği gibi, birbirine yakın anlamlı "cilbâb" tariflerinin ortak noktası, onun "Kendisiyle bedenin tamamının örtülebildiği kıyafet" olmasıdır.[79] Buna göre cilbâb kadının normal kıyafetleri üzerine giydiği, tek parçada bedeninin tamamını kapatan örtünün adıdır.

### Kadın Kıyafetinin Rengi

Cilbâb, kadını her nevi erkek bakışından koruyacak hususiyette olmalıdır. Bu yüzden renginin siyah olması daha münasiptir. Nitekim Medine sıcak bir bölge olmasına ve siyah kıyafetler güneşi daha fazla çekmesine rağmen, "Ey Peygamber! Hanımlarına, kızlarına, ve müminlerin kadınlarına söyle, bedenlerini örtecek elbiselerini giysinler"[80] ayet-i kerîmesi nazil olunca, Ümmü Seleme ﷺ Ensar kadınlarının siyah elbiseler giyip dışarıya çıkmalarını, "Sanki başlarında siyah kargalar vardı." diye nakletmektedir.[81] Arap şiirlerinde gece karanlığının cilbâba benzetilmesi de göstermektedir ki ayet-i kerîmede emredilen dış kı-

---

[78] Zemahşerî, III, s.559; Kurtubî, XIV, s.543; Âlûsî, XXII, s.88; İbn Esîr, en-Nihâye, II, s.283.

[79] İbnu'l-Arabî, Ahkâmu'l-Kur'an, III, 1574.

[80] Ahzâb: 59.

[81] Ebû Dâvûd, Libas, H. No: 4101.

yafet Sahâbe tarafından siyah renkte bir elbise olarak anlaşılmıştır.[82]

Buluğ çağına gelen bir İslâm kadını sokak gibi umuma açık bir yere çıkarken üzerine cilbâbı almalıdır. Nitekim ilgili ayet-i kerîmede Allah Teâlâ, ezvâc-ı tâhirât dahil olmak üzere bütün İslâm kadınlarının bir ihtiyâc için evlerinden ayrıldıklarında, onlara üzerlerine cilbâblarını almalarını söylemeyi Rasûlü'ne ﷺ emretmektedir.[83] Eğer kadın, evde eşinin kardeşi gibi kendisine bakma noktasında "yabancı" hükmünde bir erkek var, eşi de olduğu halde onun yanına çıkması gerekiyorsa, evinde kendini sanki dışarıdaki gibi kabul eder ve cilbâbını giyerek onun olduğu yere çıkar. Zira cilbâbı giyecek durum evde de tahakkuk etmiştir.

## Bedeni Resmeden Kıyafetler

Tesettürden amaç, kadını, mahremi olmayan erkeklerin bakışlarından korumak, toplumdaki fesadın önüne geçmektir. Şayet kadının giydiği dış kıyafet dar olur, bedenini resmederse bu amaç yerine gelmez. Çünkü dar kıyafetler kadınların erkekleri cezbeden yapılarını olduğu gibi izhar eder. Bu yüzden cilbâbın nasıl olacağını İslâm kadınlarına öğreten Allah Rasûlü ﷺ, eşleri vasıtasıyla dar elbise giymemeleri noktasında da onları ikaz etmiştir. Bir gün Allah Rasûlü'ne ﷺ Mısır Kubt'ta dokunan kalın bir kumaş getirilir,

---

[82] İbn Manzûr, *Lisanü'l-Arab*, "Cilbâb".

[83] Kurtubî, XIV, s.243.

ondan Üsame b. Zeyd'e de verir. Efendimiz kumaşı Üsame'nin üzerinde göremeyince, ona niçin elbiseyi giymediğini sorar. O da kumaşı hanımına verdiğini söyler. Bunun üzerine Allah Rasûlü ﷺ, "Söyle altına gecelik giysin. Zira o elbisenin (darlığından dolayı) kemik yapısını olduğu gibi resmedeceğinden endişe ediyorum"[84] buyurdu. Allah Rasûlü ﷺ, aynı kumaştan Dıhye b. Halîfe el-Kelbî'ye de verir ve şöyle buyurur: "Bunu ikiye böl, yarısıyla kendine gömlek yap, diğer yarısını da eşine ver, giysin, elbise yapsın." Dihye giderken Allah Rasûlü ﷺ, "Eşine söyle! Bu elbisenin altına beden yapısını resmetmeyecek bir iç kıyafet daha giysin." buyurur.[85]

Üsame hadisinde elbisenin kalın olduğundan bahsedildiğine göre Allah Rasûlü ﷺ iç elbiseleri kıyafetlerin şeffaf olmasından değil, dar olmasından dolayı emretmiş, belki de ev kıyafeti olarak giyilmelerini onlara ihtar etmiştir.

### Bedeni Gösteren Kıyafetler

Kadının, bedenini resmeden elbiseler gibi vücut yapısını gösteren kıyafetler giymesi de haramdır. Allah Rasûlü ﷺ, "Nisâun kâsiyâtun âriyâtun/Zahirde örtülü fakat kıyafetlerinin ince ve dar olmasından dolayı gerçekte çıplak" olduklarını bildirdiği kadınlar

---

[84] Ahmed b. Hanbel, *Müsned, VI, 206-207 (H. No: 4116).*

[85] Ebû Davûd, Libas, H. No: 4116.

için "Onlar Cehennem ehlidir." buyurur.[86] Ulemânın
bir kısmı bu hadisi, "Güzelliğini ortaya çıkarmak için
bedenin bir kısmını örtüp, diğer yerlerini açan kadın-
lar şeklinde anlarken, diğer bir kısmı ise hadisin ince
elbise giyip bedenini olduğu gibi resmeden kadınlara
şamil olduğunu söylemektedir.[87] Her iki başlıkta (be-
deni resmeden ve gösteren kıyafetler) da delil olabile-
cek bu hadisler açıkça belirtmektedir ki, kadının dış
kıyafetinin dar ve şeffaf olması haramdır.

### Kadınların Erkek Kıyafeti Giymesi

Cinsiyetlerin kıyafetlerle yakın ilişkisi vardır. Kim-
lik gibidir kıyafetler... Bu yüzden Süleyman bir gün
babası Yavuz Sultan Selim'in huzuruna, validesinin
kıyafetine benzeyen süslü bir elbiseyle çıkınca Yavuz,
"Evladım! Sen bunları giyersen annen ne giyecek?"
diyerek onu ikaz eder. Çünkü, kadın elbisesi giyen
erkeklerin ya da sürekli kadınlarla birlikte olanların
belli bir zaman sonra kadın gibi konuşmaya, kadın
gibi yürümeye başladığı görülmektedir. Allah Rasû-
lü ﷺ erkeklerdeki kadınlaşma, kadınlardaki erkekleş-
menin önüne geçebilmek, insanların ruh yapılarını
korumak adına erkeklerin kadınlara, kadınların da
erkeklere benzemesine müsaade etmemiştir. Râvileri
arasında İbn-i Abbas ve Ebû Hureyre'nin de bulundu-
ğu Sahâbe nakletmektedir ki, Efendimiz ﷺ erkekler-

---

[86] Müslim, Libas, H. No: 2128.
[87] Nevevî, XIV, s.110.

den kadınlara, kadınlardan da erkeklere benzeyenlere lanet etmiştir."[88] Ulemâ bu hadisten hareketle, erkeklerin kıyafet ve zinette kadınlara has olan şeyleri kullanmalarının, onlara benzemelerinin caiz olmadığını, aynı durumun kadınlar için de söz konusu olduğunu söylemektedir.[89]

### Kadınların Pantolon Giymesi

Merhum Vehbe Zuhaylî başta olmak üzere pek çok fakih yıllar önce kadınların pardösüleri altında pantolon giymelerine cevaz vermişti. Kıyafette benzeme, taklit edilen sınıfın her kıyafetini güzel görmeye yol açar, bu durum zamanla karşı tarafta bir hayranlık uyandırır. Nitekim kadınların erkeklere benzemesi önce pardösü altına giyilen pantolonla başladı, ardından cekete benzeyen tunikler giyildi, sonra kıyafet pantolon cekete dönüştü. Başörtüsü de yakanın içerisine sokularak Arap erkeklerin başlarına doladığı sargıya çevrildi. Allah Rasûlü ﷺ bütün bu savrulmaları dikkate alarak ümmetinden kadınların erkeklere, erkeklerin de kadınlara benzemesine karşı çıkmıştı.

### Pardösü mü Çarşaf mı?

Muhterem Mahmud Efendi, Ömer Nasuhi Bilmen ve Emin Saraç'ın da hocası olan Allame Ali Haydar Efendi'nin; Osmanlı'nın son, Cumhuriyet'in de ilk

---

[88] Buhârî, Libas, H. No: 5885.

[89] İbn Hacer, *Fethu'l-Barî*, X, s.332.

yıllarına bakarak söylediği "Manto giren eve küfür burnunu sokmuştur." ifadesi çarşaftan mini eteğe geçmek için "manto"yu bir ara formül olarak kullananlar içindir. Hadiseyi şu şekilde tahlil edebiliriz: Allah Rasûlü'nün ﷺ, "Kim bir kavme benzerse onlardandır."[90] hadisi fıkhın sabit hükümlerindendir. "Teşebbüh/benzeme" ameliyesi hayırda olduğu gibi şerde de olabilir. Buna göre biri kendini kıyafet ve diğer hususlarda kafir, fasık ya da facirlere, diğer birisi de sûfî ve salihlere benzetirse günah ve hayır noktasında onlardan kabul edilir.[91]

Söz konusu hadis dikkatle incelendiğinde görülmektedir ki "benzeme" sabitesinin belli esaslara göre uygulama şekilleri değişmektedir. Örneğin son iki asırdır İslâm toplumunda erkeklerin ve kadınların giydiği kıyafetlerin önemli bir bölümü taklit ve benzeme gibi saiklerle Batı'dan alınmıştır. Nitekim pantolon, ceket ve iskarpin gibi kıyafet, boyunbağı, şemsiye, eldiven ve şapka gibi aksesuarlardan oluşan erkeklere ait giyim tarzı aynısıyla Batı'yı taklidin bir sonucudur.[92] Tanzimat sonrasında gelir düzeyi yüksek kadınlar da Batı'ya ait moda dergilerini takip edip, Beyoğlu'nda açılan terzihanelerde Avrupaî giyim tarzını taklit eden elbiseler diktirmişlerdir. Taklidin etkisiyle müslüman kadının dış elbisesi II. Meşrutiyet döne-

---

[90] Ebû Dâvûd, Libâs, H. No: 4031.

[91] El-Azîm Âbâdî, *Avnu'l-Ma'bûd*, XI, s.59.

[92] Nevin Meriç, *Osmanlı'da Gündelik Hayatın Değişimi*, s.102.

minde çarşaf ve feraceden pelerine; Cumhuriyet'te ise mantoya dönüşmüştür.[93] Bu tarz kıyafetler "teşebbüh" amacıyla alındığından Ali Haydar Efendi başta olmak üzere pek çok alim o dönem için giyilmelerinin haram olduğunu belirten fetvalar vermiştir. Fakat günümüzde söz konusu kıyafetler, teşebbüh amacını kaybettiklerinden tesettüre riayet edilmesi (siyah, geniş, baş örtüsünün omuzların üzerinde olması) şartıyla giyilmeleri haram addedilmez. Hükmün değişmesinin temelinde teşebbüh/benzeme kastının olup olmaması vardır. Teşebbühün haram olması ise sabit bir hüküm olarak devam eder. Hüküm, menâtının gerçekleştiği yerde haramlık; aksi durumda ise mubahlık alanına dahil olur.

### Hulâsa

İslâm kadınının sokağa çıkarken giymesi gereken dış kıyafet vücudunu tek parçada örten bir elbise olmalıdır. Bu, çarşaf olabileceği gibi aba da olur. Pardösü ise ancak yukarıdaki hususiyetler dikkate alındığında caizdir. Buna göre İslâm kadınının mahremi olmayan erkekler içerisinde giyeceği pardösü dar olmamalı, vücut şekillerini izhar etmemeli, erkeklerin dikkatini çekecek tasarım ve renklerden uzak olmalı, başörtüsü de ayet-i kerîmede ifade edildiği gibi yakayı da içine alacak şekilde omuzlara sarkıtılmalıdır. Vücuda yapışan, farklı renklerden oluşan, başörtüsü yakaların

---

[93] R. Ekrem Koçu, *Giyim, Kuşam ve Süslenme Sözlüğü*, s.66-7.

içerisine sokulan örtünme şekilleri "tesettür" değil "teberrüc"; ya da mankenlere benzemek olduğundan "teşebbüh"tür. İşte Allâme Ali Haydar Efendi hadisenin bu noktasına dikkat çekerek çağının tanıklarını ikaz etmiştir.

\*\*\*

İslâm'ın Kızları! 28 Şubat'ta tanklara çiğnetmediğiniz örtülerinizi; İslâmcı(!), defileci tesettür tacirlerine, moda dergilerine de çiğnetmeyiniz. Bu fetret mutlaka aşılacaktır. Teberrüc gidecek, tesettür yeniden hakîm olacaktır. Bu inkılab büyüklüğündeki değişimi de Allah Teâlâ sizlere nasip edecektir.

\*\*\*

- CAMİ, CEMİYET ve ÖZGÜRLÜK -

# KADIN, CAMİ ve ÖZGÜRLÜK

İslâm, insanın dünyaya günahsız geldiğini kabul eder ve ona günah işlemeden nasıl yaşayabileceğinin yolunu gösterir. Fıtratındaki kodlara uygun olarak kadını kadın, erkeği de erkek olarak kalmaya davet eder.

Kendi olabilen kadın ve erkek, sahip oldukları farklılıklar içerisinde daimi ve izafî görev alanlarında, varoluşlarının gereğini îfa ile sorumludur. Sorumluluk şuuruna sahip insan, imanı ve ameliyle önce kendinin Cennet yolunu emniyete alır, sonra da tebliğ ile muhataplarının kurtuluşu için çalışır.

Erkek baba, kadın ise annedir. Bu yüzden ne kadın erkektir; ne de erkek kadındır. Çünkü fiziki durumları ve algılayışları itibarıyla farklıdırlar. Birbirleri üzerinde bu farklılıkları da hissederler. Bir erkek bir kadına,

kadına baktığı gibi bakar. Bir kadın da erkeğe, erkeğe baktığı gibi bakar. Yani hiçbiri kadınlıklarından ve erkekliklerinden mahrum değildir.[94]Mahrum olmamalarının hukuki bir kimlik kazanabilmesi ya da memnunlar içerisinde mağdurlar sınıfı oluşmaması için, her şeyi en doğru bilen Allah Azze ve Celle[95] onlar için mahremiyet sınırları tayin etti ve bunlara riayet etmeyi emretti. Erkekle kadının bir araya gelişleri belli ölçülerle kayıt altına alınmıştır. Buna göre her ikisi de gözlerini harama bakmaktan korurlar.[96] Kadınlar ziynetlerini açığa çıkarmaz,[97] yabancı erkelerle çekici bir eda ile konuşmaz,[98] yürüyüşlerine hayayı egemen kılar,[99] açılıp saçılmaz,[100] üçüncü bir şahsın olmadığı yerde yabancı bir erkekle baş başa kalmazlar. İslâm iki farklı cinsten oluşan insan gerçeğini bu çerçevede ele almış ve emirlerini bu gerçeklik üzerine bina etmiştir.

### Tahrîru'l-Mer'e

İslâm, ailede son sözü söyleyen olması cihetiyle[101] bir adım öne çıkardığı erkeğe, kadın üzerinde mut-

---

[94] İsmet Özel, *Sorulunca Söylenen*, Şule Yay., İstanbul, 1999, s.115.

[95] Bk. Mülk: 14.

[96] Nûr: 30-31.

[97] Nûr: 31.

[98] Ahzâb: 32.

[99] Kasas: 25.

[100] Ahzâb: 33.

[101] Nisâ: 34.

lak otorite vermemiş, onları birbirini tamamlayan iki unsur olarak görmüştür. İslâm'ın, kadını sahip olduğu özelliklerle değerlendiren bu bakış açısı, müstağriblerin "Tahrîru'l-Mer'e/Kadını özgürleştirme" hareketinden ya da bizdeki "Hocaya, kocaya, paşaya hayır!" ironisinden çok daha öncedir. "Kadın kadındır." diyen İslâm, bugün kadın haklarından bahseden modernizmden çok daha kıdemlidir. Ne var ki yegâne kadınca yaşam tarzının kendisi tarafından önerildiği yalanına yenik düşen modernite, kadın gerçeğini vasat bir ortamda anlama imkanına sahip olamamıştır.

Kadını erkek hegemonyasından kurtarmayı vadeden modernite, ataerkil yapıya karşı tepkisini ortaya koyarken ölçüyü kaçırdığından dolayı, kadını yeni argümanların boyunduruğuna mahkûm etmiştir. Koca hâkimiyetinden kurtardığına inandığı kadını, sanayi devriminin ağır çalışma şartları ile gelen modern müstemlekeciliğe kurban etmiştir.

İslâm tarihine hakim olan kadın tasavvurunun problemli olduğunu, kadınla alakalı ictihadların Kur'an-ı Kerîm'in kadın tasavvurunu yansıtmadığını; bu yüzden "kadını özgürleştirme" hareketinin gölgesinde, kadın lehine orta rezervli bir yenilenmenin kaçınılmaz olduğunu iddia etmişlerdir. Kur'an-ı Kerîm merkezli bir arınma hareketiyle İslâm geleneğine hakim olan "erkekçe bakış açısı"nın izlerinin silinebileceğini düşünmüşlerdir.

## Özgürlükçü Dernekler

Osmanlı Devleti'nin son dönemlerinde eş zamanlı olarak -özellikle- İstanbul ve Kahire'de kurulan dernekler vasıtasıyla, "kadını özgürleştirme" hareketi kısmen kurumsallaşmıştır. Dernekler tarafından neşredilen mecmualarda İslâm toplumunda kadının eve hapsedildiği, gerçekte ise Şeriat'ın -adeta- kadının her yaptığına evet diyen "izinler manzumesi"nden ibaret olduğu vurgulanmıştır.

Bu dönemde neşredilen feminist yayımlardan, Osmanlı Müdâfâ-i Hukûk-i Nisvân Cemiyet'inin yayın organı olan "Kadın Dünyası" dergisi de, diğerleri gibi Batı yanlısı bir yayın politikası izlemekte; yazarlar erkekten yana tavır aldığını düşündükleri İslâm ulemâsına karşı ortak dayanışma platformu oluşturmuş durumda idi.

İlerleyen yıllarda "Kur'an'da Kadın" başlığı altında türâs-ı İslâm'ı tahdîd ve tenkit eden ve yeni kadın imajının nasıl olması gerektiğini savunan eserler kaleme alınmıştır. Bu tür eserlerde -sıklıkla- ayetlerin siyak ve sibakından kopartılarak işlenmesi, rivayetlerin dar anlamda değerlendirilmesi, ulemânın bazı rivayetleri kadınlar aleyhine yorumladıkları gibi uç iddialara[102] yer verilmesi, onları ilmî ortamlarda itibarsızlaştırmıştır.

---

[102] Karen Armstrong, *Tanrı'nın Tarihi*, (Çev: O. Özel, H. Koyukan ve K. Emiroğlu), Ayraç Yay., Ankara 1998, s.211–212.

### Kadın ve Ev

Kadının özgür olmasını savunan ve bu savunma ile -zımnen de olsa- İslâm'da kadının tutsak olduğunu iddia eden modernistler, evini sadece ibâte için kullanan bir kadın modeli önermişlerdir. Bu yüzden fitne olacak durumlarda kadının camide ibadet etmesinin kerahetine işaret eden ictihadları dinî ve aklî temelden yoksun ve yanlı değerlendirmeler[103] olarak nitelemişlerdir.[104]

### Kadın ve Cami

Kadının cami merkezli bir ibadet hayatının olması gerektiğini savunanlar, Allah Rasûlü ﷺ ve Râşid Halifeler döneminde cami ile iç içe olan kadının, Emeviler döneminden itibaren cami ile münasebetinin giderek zayıfladığını; cinsiyet eşitliği prensibinden uzaklaşılarak sosyal, siyasal, ekonomik ve dini hayattaki konumlarının tekrar sorun haline getirildiğini iddia etmektedirler.[105]

---

[103] Bk. Ebû Muhammed Ali b. Ahmed b. Hazm, *el-Muhallâ*, Kahire, 1969, V, s.55; Şemseddin es-Serahsî, *el-Mebsûd*, Beyrût, 1982, II, s.20-25; Abdulkerîm Zeydan, *el-Mufassal fî Ahkâmi'l-Mer'e*, Beyrût, 2000, I, s.268-269.

[104] Bu makalede; "İslâm, kadına ibadet mekanı olarak nereyi uygun görmektedir?"; "Kadın için daha hayırlı olan cemaatle mi yoksa evinde mi ibadet etmesidir ve bu noktada ulemâ iddia edildiği gibi ayet ve hadislere rağmen bir sınırlandırmaya gitmiş midir?" gibi sorulara cevap arayacağız.

[105] Fıkhın kolaylaştırılmasını talep edenlerin açılımları hep bu şekilde başlar. Allah Rasûlü'nün ﷺ kolaylaştırdığı dinin sahâbe tarafından bir parça zorlaştırıldığı, tâbiûnun da dini sahâbeden

Ne var ki bu iddia şu cihetle tarihi gerçeklerle çelişmektedir: Allah Rasûlü ﷺ Medine'de Mescid-i Nebevi'yi inşa edince ona yakın olmak isteyen Sahâbe, evlerini mescidin çevresine kurmuştu. Evlerin kapıları da mescide açılmakta idi.[106] Bu yüzden erkekler gibi kadınlar da her ne amaçla olursa olsun evlerinden çıktıklarında öncelikle mescide uğramak zorunda idiler. Bu durum kadınların mescit ortamında daha fazla bulunmalarını temin etti. Kadınların ibadetlerini camilerde yapması gerektiğini savunanların delil olarak ileri sürdüğü "Bir kadın sahabinin namazda Allah Rasûlü'nün ﷺ ağzından 'Kâf Suresi'ni ezberleyecek kadar camide yer alması" meselesi de Medine'deki bu ilk yerleşim şartları çerçevesinde gerçekleşmişti.

Medine döneminin ilerleyen yıllarında mescitle sosyal hayatın münasebeti değişince, evlerin mescide bakan kapıları bizzat Allah Rasûlü'nün ﷺ emriyle kapatılmıştır. Böylece kadınların cami ortamında yer almaları, yeni düzenleme ile sınırlandırılmıştır. Fakat Hz. Ömer ﷜ devrinde teravih namazları cemaatle kılınmaya başlayınca; halife, erkeler için ayrı, kadınlar için de ayrı mekanda farklı imam görevlendirerek onların daha geniş katılımla cemaatle namaz kılmalarına imkan hazırlamıştır. Hz. Ömer'in bu uygulama-

---

daha zor hale getirdiği ve bu durumun günümüze kadar artarak devam ettiği iddia edilir. İddianın vâkıaya aykırı olduğunun en önemli göstergesi hadislerin fıkıh kitaplarında yer alan hükümlere kaynaklık etmesidir.

[106] Bk. Ebû Dâvûd, Taharet, H. No: 233.

sında Efendimiz'in ﷺ kadınlar için camiyi ibadetten daha çok eğitim için kullanması başlıca etken olmuştur. Nitekim Ebû Saîd el-Hudrî'den gelen şu rivayet bu hususu açıklamaktadır: "(Bir gün) Kadınlar 'Galebenâ aleyke'r-ricâl/Ey Allah'ın Rasûlü ﷺ, erkeklerden bize meydan kalmıyor, bize özel bir gün ayırır mısın?' dediler. Rasûlüllah ﷺ da onlara bir gün belirledi. Kadınlar o günde Rasûlüllah'ın ﷺ huzuruna gelir, O da onlara sohbet ederdi."[107] Kadınların Allah Rasûlü'ne ﷺ gelip "Galebenâ aleyke'r-ricâl/Erkeklerden bize meydan kalmıyor, bize özel bir gün ayırır mısın?" demelerinden; 'Erkekler her gün camiye devam ediyor, ilim öğreniyor ve dini meseleleri dinliyorlar. Biz kadınlar zayıfız, onlarla boy ölçüşemeyiz'[108] gibi bir anlam çıkmaktadır. Allah Rasûlü'nün bu uygulaması, kadınların mescidi genelde ilim tahsil etmek için kullandıklarını bildirdiği gibi, beş vakit dahil diğer namazlar için de sıklıkla camiye çıktıkları iddiası ile de çelişmektedir.

Kadın sahabilerin cemaate çıkmaları ile alakalı Tahavî şunları söylemektedir: "Kadınların namazgâha gitmeleri İslâm'ın ilk yıllarındadır. Bundan gaye ise, düşman nazarında Müslümanları çok göstermektir."[109] Allah Rasûlü'nün ﷺ camiye girmelerinin helal olmadığını söylediği hayızlı kadınların bayram sabahı namazgâha çıkıp arkada durmalarını teşvik etmesi de,

---

[107] Buhârî, İlim, H. No: 101.

[108] Aynî, *Umdetu'l-Kârî*, Beyrût, 2001, II, s.202.

[109] Aynî, a.g.e., III, s.404.

bu "çok görünme" fikrini desteklemektedir. İlerleyen yıllarda Müslümanların kemiyet itibarıyla büyük kalabalıklara tekabül etmeleri, kadınların cemaate iştiraklerinin gerekçesini ortadan kaldırmış, bu yüzden onlar namazları evlerinde kılmışlardır. Ayrıca kadınların mescidi amacı dışında kullanmaları da cemaatten geri kalmalarında etkili olmuştur. Konu ile ilgili Hz. Âişe şöyle demektedir: "Eğer Rasûlüllah ﷺ kadınların (kendisinden sonra) mescitlerde neler ihdas edeceklerini bilseydi, İsrailoğulları'nın kadınları gibi, o da onların mescitlere girmelerini yasaklardı."[110]

### Kadınlar Kapısı

Başlangıçta Mescid-i Nebevi'nin kapılarından hiçbiri kadınlara tahsis edilmemişti. Camiye giden kadınların sayısında artış olunca Allah Rasûlü ﷺ; "Şu kapıyı kadınlara tahsis etseydik."[111] buyurmuştur. Sahabe Allah Rasûlü'nün bu ifadesini delalet cihetiyle tahsis kabul etmiş ve bir daha irşad ya da ifta için kadınlar mescidde iken o kapıdan mescide girmemiştir. Nitekim Abdullah b. Ömer ﵁, Efendimiz'in ﷺ açtırdığı bu kapıdan ölünceye kadar içeri adım atmamıştır. Eğer diğer sahabiler girdilerse, bu ya namaz vakitleri dışındadır ya da onlar Allah Rasûlü'nden ﷺ bu konudaki yasaklayıcı hükmünü işitmemişlerdir.[112] Daha sonra

---

[110] Buhârî, Ezan, H. No: 869.

[111] Ebû Davûd, Salât, H. No: 462.

[112] Mahmud Muhammed Hattab es-Sübkî, *el-Menhelü'l-Azbü'l Mevrûd*, Beyrût, ty., IV, s.72.

Hz. Ömer ﷺ Allah Rasûlü ﷺ tarafından kadınlara tahsis edilen bu kapıdan erkeklerin girmesini bütünüyle yasaklamıştır.[113]

### Hayır Nerede?

Müslüman kadının cami merkezli bir ibadet hayatı olması gerektiğini savunanlar, kadınların ibadet etmeleri için evlerinin camilerden daha hayırlı olduğu görüşünün bir temenni olduğunu ya da konu ile ilgili hadislerin yorum farklılığından kaynaklandığını, bazı rivayetlerin kadınlar aleyhine yorumlandığını[114] dolayısıyla da kadınların camiye mesafeli durmalarını temin eden anlayışın dinî ve aklî temelden mahrum[115] olduğunu ileri sürmektedirler. Evin camiden daha hayırlı olduğunu tasrih eden Ümmü Humeyd hadisinin ise o sahabinin ailevi sorunlarına matuf olduğunu bu yüzden genelleme ifade etmeyeceğini iddia etmektedirler.

Gerçek şu ki kadınlar için evlerin mescitlerden daha hayırlı olduğunu bildiren hadisler yoruma ihtiyaç duymayacak derecede açıktır. Bu durum, Allah Rasûlü'nün ﷺ eşleri başta olmak üzere diğer bütün kadın sahabiler tarafından da böyle anlaşılmıştır. Nitekim Efendimiz'in ﷺ eşleri, cemaatle kılınan namazın ferdi olana nisbetle 27 derece daha faziletli olduğunu

---

[113] Bk. Ebû Dâvûd, Salât, H. No: 464.

[114] Bk. Karen Armstrong, a.g.e., s.211-212.

[115] Bk. Ignaz Goldziher, *İslâm'da Eğitim*, İslâmî Araştırmalar Dergisi, Ankara, 1988, cd.2, sy.7, s.90.

bilmelerine rağmen namazlarını mescit yerine, mescide bitişik olan evlerinde eda etmişlerdir.[116]

Ümmü Humeyd hadisi de iddia edilenin aksine genelleme ifade etmektedir. Kadınların ibadetlerini nerede yapmalarının daha faziletli olduğunu bildiren ilgili hadis şu şekildedir: "Odalarınızda kıldığınız namaz, salonlarınızdakinden, salonlarınızda kıldığınız binalarınızdakinden, binalarınızda kıldığınız da cemaatle kıldığınız namazdan daha faziletlidir."[117] Allah Rasûlü ﷺ, Ümmü Humeyd'e, "Salâtuki/senin namazın" şeklinde değil de "salatükünne/siz kadınların namazı" diye hitap etmiş ve bütün kadınları kastetmiştir. Konu ile alakalı bir başka rivayet ise şu şekildedir: Ümmü Humeyd, Allah Rasûlü'ne ﷺ gelip, O'nunla birlikte namaz kılmayı arzuladığını söyler. Bunun üzerine Efendimiz ﷺ kendisini anlayışla karşıladığını fakat -ona- odasında kılacağı namazın salondakinden, salondakinin binadakinden, binadakinin aile mescidinden, aile mescidindekinin de Peygamber mescidindekinden daha hayırlı olacağını söylemiştir.[118] Ümmü Humeyd'le alakalı bu rivayette de ailevi bir nedene işaret eden herhangi bir unsur mevcut değildir. Konu ile alakalı el-İsâbe'deki rivayette ise Ümmü Humeyd bütün kadınlar olarak serzenişte bulunmuş ve "Ey

---

[116] Bk. Zeydan, a.g.e., I, s.212.

[117] Ebû'l-Hasan Ali b. Muhammed b. Esîr, *Üsdu'l-Gâbe fî Ma'rifeti's-Sahâbe*, Beyrût, 1994, VII, s.311.

[118] İbn Abdilberr, *el-İstîâb fî Esmai'l-Ashâb*, Beyrût, 2002, II, s.580.

Allah'ın Rasûlü ﷺ eşlerimiz seninle birlikte namaz kılmamıza engel oluyorlar" deyince Hz. Peygamber bütün Müslüman kadınlara hitaben, iç odalarda kılınan namazın diğer bütün mekanlardan daha faziletli olduğunu bildirmiştir.[119]

### Kadın, Cami ve İrşad

Asr-ı Saadet ve sonrası dönemlerde kadın, -iddiaların aksine- ihtiyaç hissetmesi durumunda cami ortamında yer almış, gerek çocukluk gerekse de yetişkinlik döneminde irşat hizmetlerinden faydalanmıştır. "Eşleriniz camiye çıkmak için sizden izin istediklerinde onlara engel olmayınız" hadisi de bunda etkili olmuştur. Fakat tarihin hiçbir döneminde kadın, erkek gibi cami merkezli bir irşat ya da ibadet içerisinde yer almamıştır.

Burada göz ardı edilen bir husus var ki, o da Allah Rasûlü'nün ﷺ "kadının camiye çıkmak için eş ya da velisinden izin alması" gerektiğini belirtmesidir. Kadının, camiye çıkmasının izne tabi olmasının zımnında daimi ibadet yerinin evi olduğu gerçeği de vardır. Bunun içindir ki eş ya da veli cami ortamının kadın için müsait olmadığı kanaatine sahipse ona izin vermeyebilir.[120]

---

[119] Hadis metni için bk. İbn Hacer, *el-İsâbe fî Temyîzi's-Sahâbe*, Beyrût, 1995, VIII, s.383; Konu ile ilgili hadisler için bk. Ebû Dâvûd, Salat, H. No: 570; Tirmizî, Reza', 18; Ahmed, *Müsned*, II, 297-301, VI, 371.

[120] Zeydan, a.g.e., I, s.214.

## Kadın ve Fitne

Müslüman kadını evinden çıkartıp, tahsil ve iş hayatında erkeğin "paydaşı" yapmayı hedefleyen anlayış, onun rahatsız olacağı ortamlarda bulunmasını "fitne" olarak niteleyen ulemâya "Eğer fitne iki cinsin bir arada bulunması şeklinde oluyorsa, bunun bedelini sadece kadınlara ödetmek adalete aykırıdır." diyerek itiraz etmektedir. Onlara göre, kadının "arz-ı endâm"ının din adına engellenmesi anlamına gelen bu durum, modern dönem müslüman kadını tarafından, "tecrit" olarak algılanmaktadır. Konu ile alakalı N. Göle'nin, sözlerini naklettiği bir kadın şunları söylemektedir: "(Müslüman erkekler) Sadece haramları öne sürerek kadınları toplumdan soyutlamaya çalışıyorlar. Mesela Müslüman bir erkek, hanımını okula göndermiyor, (hanımı) otobüse binsin istemiyor. Hanımlar açısından haramları öne sürüyorlar... Şayet ben bu durumda Allah'ın emirlerini uygulamama noktasında kalıyorsam, bu erkek için de söz konusudur. Onun da otobüse binmesi sakıncalıdır."[121]

İslâm'ın kadını kadın, erkeği de erkek olarak değerlendiren bakış açısından mahrum olanlar eşitlik adı altında her alanda erkekle boy ölçüşen bir kadın kimliği oluşturmuşlardır. Ne var ki yapay olan bu kimlik, fıtrat realitesine aykırıdır. Nasıl erkek, sahip olduğu özellikler itibarıyla kadınla eşit olamıyorsa;

[121] Nilüfer Göle, *Modern Mahrem*, İstanbul, 1994, s.123.

kadın da erkekle eşit olamaz. Çünkü kadın daha duygusal ve kolay incinen, erkekse daha realist ve güçlü yaratılmıştır. "Ay kardeş" diye konuşan erkekle, muhatabına "Gel buraya azizim!" şeklinde hitap eden kadın tiplerinin garabeti, eşitlik iddialarının ne derece havada kaldığını açıkça göstermektedir.

Cuma namazının erkeklere farz olması, bayram namazının da Cuma kimlere farz ise onlara vacip olması, ayrıca vakit namazlarına sadece erkeklerin devam etmesi geleneği ve mazeretsiz olarak gelemeyenlerin Allah Rasûlü ﷺ tarafından sert bir dille ikaz edilmeleri göstermektedir ki, camiye devam etmesi mutlaka gerekli olanlar erkeklerdir. Bu durumda "fitne" ifadesinden hareketle kadınlar gibi erkeklerin de camiye çıkmalarını tartışmaya açmak, camiyi erkek için daimi ibadet yeri olarak belirleyen Kur'an-ı Kerîm ve Sünnet'le çelişmektedir.

İslâm kadına ev, erkeğe ise cemiyet merkezli bir hayat öngördüğünden Kur'an-ı Kerîm kadınlara, "Evlerinizde vakarınızla oturun."[122] derken; erkeklere de "Yerin sırtlarında dolaşın ve Allah'ın rızkından yiyin."[123] diye emreder. Buna göre kadın, merkezî yaşam yeri olan evinden cemiyete okumak, okutmak, tedavi olmak, tedavi etmek gibi belli ihtiyaçlar için çıkar ve çıkarken de şu hususlara riayet eder: "Eğer sakınıyorsanız, artık sözü çekicilikle söylemeyin ki

---

[122] Ahzâb: 33.
[123] Mülk: 15.

kalbinde maraz bulunanlar kötü ümide kapılma-
sınlar. Sözü ciddi ve güzel söyleyin. Vakar ve haş-
metinizle evlerinizde oturun. Cahiliyye dönemi
kadınlarının kırıla döküle ziynetlerini göstererek
yürüdükleri gibi süslenip yürümeyin."¹²⁴ Bu uyarıla-
rı dikkate alan fakihler, ayetten(Ahzab: 33) hareketle
şöyle bir hükme varmıştır: "Allah Teâlâ'nın kadınla-
ra, dışarıya çıkmaya ihtiyaçları olmadığı durumlarda
evlerinde oturmalarını emretmesi, boş boş dolaşma-
larını da yasakladığı anlamına gelmektedir." Çünkü
kadının ahlakî kriterlere riayet etmeden sokağa çık-
ması fitneye sebep olur.¹²⁵

Bu ifadelere dayanarak; fakihlerin, kadınları
"fitne" olarak nitelediklerini söylemek, maksadını
aşan bir yorum olur. Çünkü fakihler ne kadına ne
de kadının bir ihtiyaç ya da rahatlamak için dışa-
rıya çıkmasına fitne demiyor, bilakis ahlaki kriter-
lere ve tesettüre riayet etmeden sokağa çıkmasının
fitneye sebep olacağını söylüyor. Metin ve şerh
kitapları bütüncül bir bakış açısıyla okunduğun-
da bu incelik gözden kaçmayacaktır. Ayrıca İslâmî
literatürde fitne sıklıkla "imtihan" anlamında kul-
lanılmaktadır. Nitekim Allah Azze ve Celle, "Şüp-
hesiz mallarınız ve çocuklarınız sizin için birer

---

¹²⁴ Bkz. Ahzâb: 32-34; Allah Rasûlü'nün ﷺ eşleri ile ilgili nazil
olan bu ayetler bütün Müslüman kadınlara hitap etmektedir.
¹²⁵ Bk. Alauddin Ebûbekr el-Kâsânî, *Bedâiu's-Sanâi'*, Beyrût,
1997, II, s.338.

fitnedir/imtihandır"[126] buyurmaktadır. Buna göre, fakihlerin fitne ifadelerinden kadınların aşağılandığı hükmünü çıkarmak ayete aykırıdır. Ayrıca fitne kelimesi ile kadınların aşağılanması hedeflenmiş olsaydı, namaz kılamayan hayızlı kadınların ümmetin coşkusuna ortak olma ve kalabalık görünme gibi gayelerin söz konusu olduğu bayram namazlarında, namazgâhların arka tarafında yer almalarına müsaade edilmezdi.

### Hadislerin Kadınlar Aleyhinde Yorumlandığı İddiası

Modernistler, Müslüman kadının evindeki ibadeti camiye tercih etmesinin, ulemânın onu akıl ve din açısından eksik bir varlık olarak tanımlayan bazı rivayetleri Allah Rasûlü'ne ﷺ isnat etmesi ve ilgili rivayetleri kadınlar aleyhinde yorumlaması[127] neticesinde oluştuğunu iddia etmektedir.

Maalesef ki modernitenin buyurgan aklının, erkekle esaslı fiziksel farklılığa sahip olan kadını, erkeğin olduğu her yerde var olmaya çağırması, bazı Müslümanları mesnetsiz bir şekilde sahîh hadisleri inkar gibi uç ithamlara "evet" diyebilen bir anlayışa esir etmiştir.

Kadının ne olduğu ve nasıl anlaşılması gerektiği ancak Allah Teâlâ'nın yarattığı koordinatlar çerçe-

---

[126] Teğâbun: 15.

[127] Bk. Savaş, *Hz. Peygamber Devrinde Kadın*, s.46.

vesinde tanınmasıyla mümkündür. Buna göre derin bir haya mevzuu olan kadın, annelik vazifesini asıl kabul etmesi şartıyla cemiyetin pek çok noktasında görev alabilir.[128] Fakat bu, onun erkelerle aynı özelliklere sahip olduğu anlamına gelmez. Hadisenin bu boyutuna vakıf olanlar kadının din açısından eksik olduğunu bildiren hadîs-i şerîfin İslâm'ın özüyle çatışmadığını da göreceklerdir. Nitekim Allah Rasûlü ﷺ ilgili hadiste kadının dininin eksikliğinin nedenini; "hayızlı halinde namaz kılmayıp, oruç tutmaması"[129] olarak açıklamıştır.

Kadının hayız hâlinde namaz kılmayıp oruç tutmaması, erkeğe nispetle bir eksikliktir. Fakat bu eksiklik zannedildiği gibi kadın adına bir nakısa değildir. Bilakis bu durumda namaz kılmasının ve oruç tutmasının haram olmasını dikkate alıp haramı terk etmesinden dolayı sevap kazanmaktadır.[130] Yani bu durum, kadının bir zafiyeti değil bilakis sevap kazanmasına vesile olan nev-i şahsına münhasır bir özelliğidir.

---

[128] Allah Rasûlü'nün ﷺ uygulamasına baktığımızda, kadına toplumsal anlamda ciddi roller yüklendiği görülmektedir. Kadın sahabiler, "ev merkezli" hayatları içerisinde cemiyetin birçok ünitesinde görev almışlardır. Ümmü Atiyye Efendimizle 7 gazveye katıldığını bildirmektedir. Hz. Aişe ve Ümmü Süleym Uhud'da görev almıştır. Hayber kuşatmasında ordunun içerisinde altı tane kadın sahabi vardır. Nesîbe binti Ka'b Uhud'da Allah Rasûlü'ne ﷺ muhafızlık yapmıştır. Ümmü Haram Kıbrıs'ta şehit düşmüştür.

[129] Buhârî, Hayz, H. No: 304.

[130] Aynî, a.g.e., III, s.403.

## Hulâsa

Hicretin ilk yıllarında Mescid-i Nebevi etrafında kurulan evlerin kapıları mescide açıldığından, mescid, Müslümanların hayata açılan meydanları olarak da kullanılmıştır. Evden çıkanlar ilk olarak mescide uğramakta, zihinler cami şuuruyla tevhîd edilmekte, efendiyle kölenin omuz omuza safta duruş halleri camiden sokağa taşınmaktadır. Bu ve benzeri nedenlerden dolayı ilk yıllarda kadınların mescitle münasebeti sonraki yıllara nispetle daha yoğun olmuştur.

Allah Rasûlü ﷺ Medine döneminin ilerleyen yıllarında erkekler için cami, kadınlar için de ev merkezli bir ibadet hayatını teşvik etmiş; özürsüz olarak cemaate gelmeyen erkekleri ikaz ederken, kadın sahabilere evlerinin iç odalarında ibadet etmelerinin kendileri için daha hayırlı olacağını söylemiştir. Bunun içindir ki, Peygamber Mescidi'nin kadın cemaati gün geçtikçe azalmış, evleri mescide bitişik olan peygamber eşleri de namaz için mescide çıkmamışlardır.

Müslüman kadınlar efdal olan evde ibadeti, mübah olan camide ibadete tercih etmişler, mescit olarak evlerini kullanmışlardır. Fakat dışarıda bulundukları zamanlarda da vakit namazlarını camilerin kadınlara mahsus bölümlerinde eda etmişlerdir.

Hadiseye naklî ve aklî esaslar yerine, "erkeğe bedel ödetme" gibi tepkisel ya da "kadını özgürleştirme" gibi sloganik yaklaşanlar, mevzunun eleştirel değerini artırabilmek için mevcut kadın-cami münasebetini var olandan farklı gösterme gayreti içerisine girmişlerdir.

İddiaların aksine kadın, Asr-ı Saadet'in son yıllarına oranla günümüzde camide daha fazla bulunmaktadır. Nitekim teravih namazlarını camilerde kılmakta ve uygun şartlar oluştuğunda da cuma ve bayram namazlarına katılıp ümmetin ortak sevincine tanıklık etmektedir.

Kadınların vakit namazlarını camide kılmaları noktasında ısrarcı davranan, Cuma namazının onlara da farz olduğunu savunanlar, nassa aykırı görüş bildirdikleri gibi toplumun sosyolojik durumunu da göz ardı etmektedirler. Günümüzde birçok köyde vakit namazları bir iki cemaatle kılınmaktadır. Buna göre erkek cemaat olmayan kırsal kesimdeki bir camiye gelen kadın, imamla baş başa namaz kılacaktır. Bu durum, İslâm'ın öngördüğü kadın erkek münasebetine aykırı olduğu gibi, kötü niyetli insanların istismarına da zemin hazırlayacaktır.

Batı uygarlığının kadın sorununu genelleştirip, İslâm'la aynîleştirmek ne kadar yanlışsa, ondaki sorunlardan kaynaklanan özgürlük problemlerini, İslâm bünyesinde de var farz edip, eğitimden ibadete kadar kapsamlı bir tahrîru'l-mer'e projesi yürütmek de o kadar yanlıştır. Bu durum sağlam vücudu ilaçla tahrip etmeye benzemektedir.

Ulemânın, belli vakitlerde kadının camide namaz kılmasının mekruh olduğunu neden söylediğini öğrenme ihtiyacı hissetmeyenler, sloganik ifadelerle kadının yarınlarını karartmış, umutlarına da kezzab dökmüş olacaklar.

\*\*\*

## - İKİ KUTBUYLA ANNE -

## MEDENİYETİ NİNNİ SÖYLEYEN ANNELER KURAR

M ütefekkir, lisanı bir kadından öğrenir. Şairlerin dil hocası anneleridir. En büyük lisâniyâtçıların mürşideleri de valideleridir. Meşhur hatiplere, ediplere lisan öğreten anneler; iplik büken, çorap ören, ilk mektebe bile gidemeyen köylü kadınlarıdır. Bu büyük kerametin membaı olan anneler maaşsız, diplomasız öğretmenlerdir.

Bütün şairler gibi Üstad Necip Fazıl'ın içindeki şiir vadisini keşfeden; kelimeler, mısralar arasındaki ahengi ruhuna üfleyen, "Hadi yaz yavrum." diyen de bir annedir/annesidir.

### Dâhileri Büyüten Ninniler

Şair, yüreğindeki cümle kalelerini annesinin sesi ve

tebessümü ile kurar. Usta da anne, mimar da annedir. Şair en güzel mısralarını, akademiden tanıdığı dünya çapında şöhreti olan hocaların diliyle değil; çapa yapan, süt sağan annesinin lisanıyla yazar. Üstad on iki yaşında annesinin saikıyle şiire başlamasını şöyle anlatır: "Annem hastanedeydi. Ziyaretine gitmiştim... Beyaz yatak örtüsünde, siyah kaplı, küçük ve eski bir defter... Bitişikte yatan veremli genç kızın şiirleri varmış defterde... Haberi veren annem, bir an gözlerimin içini tarayıp:

- Senin, dedi; şair olmanı ne kadar da isterdim!

Annemin dileği bana, içimde besleyip de on iki yaşına kadar farkında olmadığım bir şey gibi göründü. Varlık hikmetimin ta kendisi... Gözlerim hastane odasının penceresinde, savrulan kar ve uluyan rüzgara karşı, içimden kararımı verdim: Şair olacağım ve oldum![131]

## Mesaisi Olmayan Öğretmenler

Bütün dâhiler annelerinin ninnileriyle büyüdü. Onların masallarıyla eşya ve hadiseler arasında irtibat kurdu. Masalı önce anne anlattı, usanmadan, bıkmadan defalarca anlattı. Sonra çocuk "Dur şimdi ben anlatacağım." dedi. Validesinden öğrendiği lisan ve kırık dökük bir dille arz etti masalları annesine. Çocuk; çorap örmekten, ekin hasat etmekten ya da ev işlerinden yorgun düşen annesine defalarca aynı masalı anlattı,

---

[131] Necip Fazıl, *Çile*, s.9.

annesi "Yeter artık mesai doldu." demedi, uyuyana kadar sabır ve metanetle dinledi küçük talebesini.

Annesinden masal dinlemek ya da annesine masal anlatmak ne kadar da çok sevindirir çocukları... Doğu'dan ve Batı'dan bütün cins kafalar, annelerinin anlattığı o masallarla büyümedi mi? Gazzâlî, Mevlânâ, Kemalpaşazâde de bir zamanlar çocuktu. Ninnilerle uyur, masallarla uyanırlardı.

Anneler istikbale şekil verecek çocuklarına hakikati; zenginlikleri, güzellikleri ya da konaklarıyla değil şefkatle dokudukları ninnileriyle öğretir. Anneyi, çocuk bakıcısından ya da mektepteki muallimeden ayıran da o şefkat değil midir?

## Allah Teâlâ'nın Atadığı Memur: Anne

Allah Teâlâ'nın kadınlara "Evinizde vakarla durun."[132] mealindeki buyruğunun anlamı, "Çocuklarınızla kalın; aklınızı, ruhunuzu onlara akıtın, hanelerinizde Fatihler, Bâkiler, Sinanlar yetişsin." diye anlaşılmalıdır. Ne var ki kadın dışardaki vâveylaya kulak verip insanlığa imdat etmek, sorunları çözmek için sokağa koştu. Sanki cemiyet, kurtulmak için ondan yardım bekliyordu. Fakat o, öyle zannetti. Yangın söndüren personel gibi bir öteye bir beriye koştu, pirince giderken evdeki bulgurdan oldu. Erkekler gibi iş aradı. Bir markette kasiyer, bir okulda müstahdem, bir fabrikada mühendise oldu. Bu defa kadınlıktan gelen

---

[132] Ahzâb: 33.

güzel görünme duygusu onu istila etti, her gün hayli bir zaman "Nasıl daha çekici olabilirim?" üzerinde düşündü. Esvabı nereden alsa; hangi marka, hangi mevsime uygun kıyafet sunmakta? bunlarla meşgul oldu. Her gece eve yorgun döndü, çocuk ona; o, çocuğa baktı, ninniler, masallar çocuk bakıcısına havale edildi. Oysa çocuk anneciğine okuyacaktı masalını; mesai usûlü çalışmayan annesine, Allah'ın onu terbiye etmek üzere atadığı validesine... Şehirli anne ve mühendis valide, çorap ören köylü kadını cahil gördü, küçümsedi. Fakat onun çocuğuna yaptığını o, evladına yapamadı. Şehirde dev bir kalabalığın içine düştü. Ekmek arayan babaların, itibar peşinde koşan sosyetenin, terk edilmişlikten dolayı çalışmak zorunda kalan kadınların arasında buldu kendini. Onlarla yürüdü, yürüdükçe evinden, onu bekleyen çocuğundan uzaklaştı. Çok şey öğrendi, deste deste paralar kazandı, arabalar evler satın aldı. Fakat ninnileri, masalları, anneliği unuttu. Çocuğuyla onu birbirine bağlayan muhabbet dilini yitirdi.

### "Evet, Masal ve Ninni Hanımefendi"

Çocuk, iktisat profesörü bir annenin dilinden mi yoksa evi süpüren, yemeği hazırlayan köylü kadının ninnisinden mi anlar; ya da ninni söyleyen, masal anlatan bir validesinin olmasını mı, meclis kürsüsünde nutuk atan bir annesinin varlığını mı arzu eder?! İslâm'a hasım olmakla müseccel muharrir Yakup Kadri de çocukların bu arzularına işaret eder: "Evet, masal ve ninni hanımefendi... Eğer benim bir kızım olsaydı, onda ancak kadınlığa mahsus bu iki hasletin tekâmülüne gayret ederdim. Memleketine civanmert ve sevimli bir evlat yetiştirmesi için, kendi çocuğuna en munîs bir lisanla masal söylemesini ve en mürennim bir sesle ninniler teganni etmesini öğretirdim. Çünkü 'medeniyet' kadınların ninnilerinden, masallarından çıktı. Tıpkı onun gibi birçok medeniyet de kadınların bir göz ucuyla bakışından yıkılıp gitti. İnsanları ileriye çıkaran veya gerilere düşüren sebepleri başka yerde aramayın: çünkü o sebepler sizsiniz.[133]

### Kariyer Yarışı

Kadın çarşıda esnaf, dairede amir olunca öncelikleri değişti. Ninnilerle Fatihler büyüten anne gitti, yerine Fatihlerle kariyer yarışına giren kadın geldi. Yarıştı, kazandı, ödüller aldı fakat kazanırken kaybetti. Çocuğunu, eşini yitirdi. Baba sabah ailenin nafakasını temin edebilmek için gidecek, o da geride ev mesaisine başlayacak, çocukların programını yürütecekti. Ne var ki ikisi de birlikte ayrıldı evden. İkisi birlikte kazandı. İkisi de dışarda olunca erkek akşam eve dönüş heyecanını yitirdi. Oysa her gidenin yüreğinde geriye dönme arzusu olsun diye onu geride bekleyen bir kadın olmalıydı. En derin uçurumlardan erkeği çekip eve alan bir kadın...

---

[133] Yakup Kadri, *Okun Ucundan*, 1940, s.62.

## Zavallı Kadın

Evde saçları ağaran, yüzündeki çizgileri artan ihtiyar kadınlara hürmet pek ziyade olur. Bu yüzden genç kızlar ihtiyarlamaktan korkmaz. Çünkü yaşlanınca daha saygıdeğer olacaklarını bilirler. Kıyafete, kariyere değil insanlığa kıymet verilir evlerde. Ne var ki, "Kadın her yerde olmalı.Bizde kadın memur, kadın amir, kadın vekil oranı daha fazla." gibi ifadeler kadınların kariyer yarışını daha da kızıştırdı. Siyasî ve ictimaî hayatın kadın kontenjanı arttıkça kadınlığın değer yargıları da değişti. Resmi dairede amire bir kadın, kemaliyle değil; cemaliyle ya da elbisesinin ipeği, yüzüğünün taşı, kundurasının zerafetiyle dikkat çeker. Kadınlar iş hayatında muhatap oldukları hemcinslerine, "Acaba övgüyle bahsedilmesini istediği bir kıyafeti var da, onu fark etmedim, ne güzel yakışmış." demedim şeklinde evhamlar yaşatır. Çünkü o; elbiseleri soğuktan, sıcaktan korunmaktan ziyade dikkat çekmek, iş arkadaşlarının konuşmalarında gündem olmak için giymişti. Kıyafetleriyle ağırlanan, kariyerleriyle uğurlanan bu kadınlar yaşlanmaktan korkar. Zira bilirler ki kıyafet ve kariyer itibarı yaşlılıkta yok olacak. Elbisesinin ütüsü bozulmasın, dudaklarındaki boya kaybolmasın diye yavrusunu kucağına almayan, alsa da candan değil yandan tutan bir anne, "yarınları adına" niçin korkmasın ki?!

Dışarda güzel görünmek hissi kadını, anahtarı modacıların elinde olan kurma bir bebeğe dönüştürdü. Onların arzuladığını, tasarladığını giyen bir bebek... Zavallı kadın...

## Kadında Hicab ve Heyecan

Kadın öğretmenlik, doktorluk gibi hemcinslerine hizmet verdiği kız okulları ve kadın hastaneleri gibi alanlar müstesna, hayatın sair şubelerinden çekilmeli. Bütün birikimini, geleceği inşa edecek çocuklarına aktarmalı.

İşyerinde attığı bir kahkaha ya da fevkalade etkileyici tarzı ile erkeklerin yüreğini sarsma yerine kendine, "Ben kimim ve niçin varım?" diye sorsa, onu bekleyen bir evi, bir eşi ve ninnileriyle büyüyecek çocukları olduğunu düşünse, tarzlarını eşine arz etse, en etkileyici gülmeleri onun karşısında yapsa, işte o zaman eşi onda her gün yeni şeyler keşfedecek... Aile, sevgi ve merhametin tecelligâhı olacak.[134] Haneye saadet yağacak. Erkek eve dönünce onu kapıda kadın karşılayacak, adam selam verecek/benden sana zarar gelmez diyecek, kadın da aynısıyla mukabelede bulunacak, cemaatle namaz kılınacak, ya Riyazu's-Salihin'den ya da Ezkâr'dan birkaç hadîs-i şerîf okunacak... Kadında gelinlik giydiği gecenin hicap ve heyecanı, erkekte ise ona ulaşmanın muhabbeti her gün taze kalacak. İpek elbiselerle işe giden, arkadaşlarına "Nasıl oldum?" diye soran

---

[134] Rûm: 21.

kadın, bu defa aynı soruları eşine soracak... Kadınla başlayacak evlerin kurtuluşu...

## Medeniyeti, Kadınlığı Sömürenler Yıkar

Medeniyeti kadınlar kurar, onlar yıkar. Ninni söyleyen annelerin kurduğu medeniyetleri, süs objesi haline gelen kadınlar çökertir. Bu yüzden İblis'in ordusu mesaisinin çoğunu onların ayağını kaydırmaya ayırır. Kadının evini yine bir kadın yıkar. İslâm'ın çocuklarını Allah ve Rasûl davasına adanmışlıktan kadın koparır. Önce kadını aldatırlar, sonra onunla erkeği... Dizilerde, yarışma programlarında, podyumlarda, bilbordlarda kadın istismarıyla sermaye artırılır, reyting kazanılır. Mekke'de Allah Rasûlü'nün ﷺ ilerleyişini durdurmak için de benzer yola başvurulmuştu. İslâm'ı engellemek için her yöntemi kullanan fakat aciz kalan Mekkelilere, Nadr b. Haris şöyle demişti: "Bu adama bu şekilde karşı koymanız sizi hedefe götürmez. O aranızda yaşadı. İyi ahlaklı, doğru, dürüst ve emin kişi olduğuna ilk siz şehadet ettiniz. Şimdi ise onun kahin, sihirbaz, şair ya da mecnun olduğunu söylüyorsunuz. Kim inanır bu ifadelerinize? İnsanlar bir kahinin nasıl konuştuğunu, nasıl mazlumları sömürdüğünü bilmiyor mu? Bir şairin, bir mecnunun halini halk anlamaz mı? Bu ithamlardan hangisini Muhammed'e isnat edebilir de halkı ondan uzaklaştırabilirsiniz? Ben size onunla nasıl mücadele edileceğini göstereceğim"..

Nadr b. Haris Irak'a gider orada Rüstem ve İsfendiyar ile alakalı hikayeleri derleyip Mekke'ye getirir, böylece milleti Kur'an-ı Kerîm'den uzaklaştırıp kendi masallarına çekeceğini umar. Nadr b. Haris bunu yaparken kadın istismarını da ihmal etmez. Birinin Allah Rasûlü ﷺ ile beraberliğini öğrendiğinde, şarkıcı bir kızı şöyle bir talimatla ona gönderirdi: "Muhammed'i dinleyen şahsı yedir, içir, şarkı söyle!"[135] Firavunlar, bölgesel ve küresel güçler, sömürü sistemlerini kadın istismarıyla ayakta tuttu. Modern zamanın aktörleri de en büyük oyunları kadınlar üzerinden kurguluyor. Bugün millet önünde voleybol, tenis oynayan kadınların Nadr b. Haris'in şarkıcılarından ne farkı vardır?

Müzik ve şarkıcı kadın gayesiz bir neslin emziğidir. Gençler onlarla hülyalara dalar. Onlarla yok olur. Bir tarafta erkekler gibi nafaka peşinde koşan, çocuklarının ninnilerini bakıcılara havale eden çalışan anneler, diğer tarafta ise "şarkıcı, türkücü, oyuncu, aktör" etiketleriyle kadınlığı sömürülen yığınlar... Sizce hangisi yaşlandığında çocuğundan daha fazla alaka görecek? Çorap ören, ninni söyleyen köylü kadın mı; kariyer sahibi valide mi ya da kadınlığı sömürülen aktör mü?!

\*\*\*

---

[135] Bk. Kurtubî, *el-Câmi'*, XIV, s.36-7.

# - İSLÂM'IN KIZI -

# İSLÂM'IN KIZI! İFFET ÇAĞI SENİNLE BAŞLAYACAK

Bu yazıyı, mana planında kaybedilen bir mücadelenin ardından yazıyorum. Dinimin, ırzımın, iffetimin mahfazası da, muhatabı da sensin diye, sana yazıyorum. Unutma ki, bütün mahrem noktalar sende saklı; eğer sen açılırsan, sen sokağa dökülürsen, Allah'ın örtmeyi emrettiği bütün değerler de açılır, mahremimiz ayaklar altında kalır.

### İffet Yolu Ölene Kadar

Kadın gibi erkeğin onurunu da ancak sen koruyabilirsin. Çünkü iffet ve haya en kamil şeklini sende buldu. Tahammül de sende, sabır da. Sen o naîf bedeninde insanlığın yükünü omuzladın. Yalnız kaldın, yoruldun, usandın ama çaresizliğe, "Bundan daha ötesine tahammül edemem." diyerek teslim olmadın. Yıkılan, açılan, savrulan kadınlara inat, "İffet yolu ölene kadar gider." diyerek "istikâmet" dersi verdin.

### Kadın Değil Annesin

Ne var ki İslâm'dan uzaklaşma, dünyaya göre yaşama marazı seni de vurdu. Konuşmaktan lisanı usanan, yazmaktan kalemi aşınan ümmet büyüklerinin çağrısını yinelemek istiyorum: "Sen, Rabbi'ne yürüyüşüne 81 gün kala Arafat'ta ümmetiyle vedalaşan O Peygamberi Ekber'in emanetisin! Sen, kadın değil annesin!"

Uzaklaştığın yolu takip ederek, terk ettiğin Medeniyet'e dön. Hayata uydurulan İslâm'dan, İslâm'a göre tanzim edilen hayata gel. Su kabarıyor. Fesad yayılıyor, örtü sadece adıyla kaldı, çıplaklık altın çağını yaşıyor, fitne yedi başlı ejderha gibi etrafını sarmış; ya yok olacak ya da İslâm'la her çeşit belaya "paydos" diyeceksin.

### Ölüm İndiren Göklere Siper Edilen Bedenler

Ecdadın, senin yani harîm-i namusu için "ölüm indiren göklere" bedenini siper etmişti:

*Ölüm indirmede gökler, ölü püskürmede yer,*
*O ne müthiş tipidir: Savrulur enkâz-ı beşer...*
*Kafa, göz, gövde, bacak, kol, çene, parmak, el, ayak,*
*Boşanır sırtlara, vadilere, sağnak sağnak."*

Bugünse onların kabirleri üzerinden geçen yollarda kadınlar; "kafa, göz, gövde, bacak, kol, çene, parmak, el, ayaklarıyla" sağnak sağnak sokaklara, gözlere yağıyor. Her sabah lise talebeleri kaldırımlarda, duraklarda en bakımlı halleriyle mahremiyetlerini erkeklerin bakışlarına arz ediyor. Bir taraf arz-ı endâma, diğer taraf ise gözleriyle haramdan keyif almaya koşuyor. Koşturanlar da, koşanlar da gayret-i ilahiyi kıyamete çağırıyor.

### Senden İffetini İstiyorlar

Hayadan yüzün kızardığında, "Açıl kızım utanma, moda hürriyettir." ; İslâm kıyafeti giydiğinde de, "Bu ne hal kızım! Çuvalları giymiş, kocakarı olmuşsun." diyenler gerçekte seni kuzu gibi gören kurtlardan daha vahşidir. Ah bir bilsen, sınıfında ya da işyerinde arkadaş kabul ettiğin erkekler kendi aralarında sana dair neler konuşuyorlar. Eğer kuzu olsaydın kurtlardan uzak durur, kendini korurdun. Fakat ailen seni o masum halinle kurtlardan daha acımasız istismarcıların içine attı. Kurt kuzudan sadece etini ister, erkeklerse senden, seni anne yapan, yücelten, onurlandıran iffetini istiyorlar.

Kafede sohbet ettiğin, kulüpte kahve içtiğin, babana da, "sınıftan, işten arkadaş" diye tanıttığın her delikanlı en güzel, en çekici hallerinle seninle baş başa olmayı hayal eder. Sen belki işi, belki de dersi konuşurken o senin farklı farklı hallerini düşünür. Erkek erkeğe oturduklarında senden, bakışından, oturuşundan kime yâr oluşundan söz eder. Eğer bir duysan erkeklerin neler konuştuklarını, bir daha onların yüzüne bakmaya bile tahammül etmez, ortamlarına girmemeye yemin ederdin.

### Yıkılırken Yıkmak

Yıkılırken, yıktığın kadınlar da olacak. Senin Şeriat sınırlarını zorlayan o konuşmaların, kim bilir hangi erkeği evinden koparacak, hangi yuvayı dağıtacak? Üç cümleyle ifade edilecek meselede neden derin derin tahliller yapar, soluksuz konuşmalar îrad edersin? Bil ki; muhatapların muhtevaya değil, sana ve ses tonuna meftun. Çünkü bütün erkekler bir kadını, kadını dinlediği gibi dinler. O bakışta ya da dinleyişte ne muhteva, ne vizyon ne de misyon bir mana ifade eder.

### Saklı Niyetler

Erkeklerin bir kadında sadece edep ve ahlak aradıkları iddiasına da kanma. Seni sadece bir öğrenci, bir mesai arkadaşı, bir amire, bir memure olarak gördüklerini söylemelerine de aldanma. Erkekteki her gülmenin, her ikrarın, her iltifatın arkasında sana dair saklı niyetler vardır. Aslında bütün ameliyeler, kurulan cümleler o saklı niyetin girizgâhıdır. Eşlerine cevap vermekte zorlananlar neden sana dakikalarca iltifatkârane konuşurlar, düşünmedin mi? İltifatlar beşeriyetin "mezâlik-ı akdâmı"dır. Ayakların kaydığı yerlerde durma! "Bana bir şey olmaz."

deme! Bir anda kelâmın sihrine kapılıp aklî ve ruhî muvazeneni kaybeder ve sonra bir ömür boyu ruhunda ızdırap, alnında kara bir leke taşırsın. Sen günahınla baş başa kalır, "arkadaşım" dediğin o mücrim ise senden sonra başka ayakları kaydırmak için yeni ikrar ve iltifat cümleleri kurar, yeni avlara çıkar, yeni kurbanlar arar.

## Mücrime Masum, Sana Mücrim Derler

İnsanlar sana karşı büyük cürüm işleyen o mücrimi, "Ne yapalım, erkektir, bir defa Şeytan'a uydu yaptı fakat sonunda tövbe etti." diye tezkiye edip, yeni cinayetler işlemeye teşvik ederken; seni ağır ithamlarla yargılarlar. Ma'şerî vicdanda mücrim masum; sense ömür boyu suçlu, ömür boyu mahkûm kalırsın. Sokağa çıkmadan, erkeklerin meclisine girmeden hadiselere bir de buradan bakabilsen, işte o zaman niyetleri okuyacak, erkekler seni masalarına çağırdığında ya da yol boyu birlikte yürümeyi teklif ettiğinde, "Allah Rasûlü'nün ﷺ terbiye ettiği bir İslâm kızı nâmahremle konuşmaz." diyeceksin. Peygamber-i Ekber'in ﷺ ufkunda kalırsan ruhuna sekînet, hayatına vakar gelir. Bir daha yıkılmamak üzere doğrulur, Kur'an-ı Kerîm'e muhatap olursun.

Mücrimlere sen "hayır" dersen, öteki "hayır" derse, o zaman bütün erkekler İslâm kadınının ancak nikahla ulaşılabilecek yüce bir varlık olduğunu anlayacak; randevu isteyecek, önce babanla konuşacak, destur alabilirlerse sana muhatap olabilecek. Ah seni yıkan şu sefil aynalı dolap... Bir anlayabilsen, eşyaya ve hadiseye nihaî haliyle bir bakabilsen..

### Sorular: Neden, Niçin ve Nasıl?

Gazetede, dergide, partide aynı masada birlikte çalıştığın, yemeğe çıktığın her erkek, yarın sorularla önüne gelir. Nedenler, niçinler, nasıllar seni o kadar rahatsız eder ki cevaba mecalin kalmaz, sen tükenirsin fakat eşinin sualleri bitmez. Durur durur, "Kiminle, niçin, ne kadar oturdun?" diye sana sorar da sorar. Yüreğin daralır, "Okumasaydım, oturmasaydım, konuşmasaydım ve de tanımasaydım." dersin. O hayatı bütünüyle kusmak istersin fakat ya tortusu ya da kokusu seni sürekli rahatsız eder. Kim bilir seninle konuşmak için partiyi, kulübü vasıta yapanların müstakbel eşleri de başka masalarda başka erkeklerle muhabbet halindedir. Onlar da bir gün benzer sorulara muhatap olurlar.

Kadına şehvetle yakınlık duyan erkeklerin aslında tek bir amacı vardır. Onu istismar etmek, sonra da onu ortada bırakıp istismar edilmeyen bir kız arayıp, onunla evlenmek. Karşılanan, ağırlanan, uğurlanan sen, bir şehvet vasıtası olarak vazifeni îfa edince öylece ortada bırakılırsın. Tecritte onulmaz acılar çekersin. Eş arayan erkekler de cemaziyelevveline bakıp, "Bu falancayla gezer tozardı, bu lekeli, bundan çocuklarıma anne, bana eş olmaz." derler.

### Her Kadının Nihaî Emeli

Unutma ki, ister prenses, isterse de aktris olsun her

kadının nihaî amacı huzurlu bir yuva kurmaktır. Fakat iffetini kaybeden bir kızla ancak iffetsizler evlenirler. Şöhretle gelen, şehvet üzerine kurulan bir evlilik, daha etkili bir şöhret ya da şehvetle yerle bir olur. Bugün sana itibar getiren şeyler yarın başına çöken enkaz olabilir. Çünkü cezbeden, ayartan yapınla kendine çektiğin erkekler yarın düştüğünde sana merhametle dönüp bakmazlar.

Huzuru ne akademik kariyerde, ne bol paralı mesleklerde bulabilirsin. Sen de, eşin de eksikliklerinizi ancak izdivaçla ikmal eder, ancak evlilikte tam olabilirsiniz. O halde, muasır hayatın sana "sadece vaat etmekle iktifa ettiği" o saadet şeklini yalnızca salih bir eşle izdivaçta bulabilirsin. Evlilikten değil, evlilik oynamaktan kork.

### Salih Bir Eş

Bütün olurlar içerisinde asıl, "anne" olmalısın. Yatların, katların olduğu bir dünyada salih bir eşin, müttaki çocukların yoksa yalnızlaşacak, daralacak, belki de şöhretin ya da itibarının zirve noktalarında ya aklını kaybedecek ya da ölmeyi isteyeceksin. Liselerde kızlar sana ve sahip olduklarına özenirken sen bütün genişliğiyle dünyada daralacak, yok olmak isteyeceksin.

### Kadına Himmet Ediniz

Sefih ruhlu erkeklerle Mart kedileri gibi dolaşanları evlerine dönmeye ikna etmeden bu hayata mani olamazsınız. Onlar da evlenmeli, onlar da eş olmalı, onlar da çocuk büyütmeli. Bunu siz yapacak, onları siz ikna edeceksiniz. O kadınların yüreklerine haya mayasını vurabilirseniz, şehvet pazarı boşalacak, evlilik müessesesi canlanacak. Himmet ediniz, evlenememiş kızlara da yuva kurma kapısını açınız.

Eğer bugün pek çok evde evlenemeyen kız varsa bunun baş mesulü evlilik müessesini yıkan ünlü, ünsüz kadınlardır. Kadınlar zayıflattı evliliği... Onlar sebep oldu iffetli kızların evde kalmasına.

### Ey Kadınlar! İffet Müesseseleri Kurunuz!

Eğer kadınlar içlerindeki evsizlere iffet ayarı yapabilse; kadının cinsel meta olmadığını, podyumda, sette arz edilmesinin insan onurunu yerlere serdiğini anlatabilseydi, evlilik tarihin bu en ağır darbesini yemeyecek, iffetli kızlar yalnızlığa terk edilmeyecekti. Ünlü/ünsüzlerin dilinden kadın olarak siz anlarsınız. Ey İslâm'ın Kızları! Kendi aranızda müesseseleşiniz ve evsizlerin de ayaklarına gidiniz; "Yapmayınız, vücudunuzu ortalığa serip yuvaları yıkmayınız" diyerek onları ihtar ediniz. İffet, haya ve tesettür dernekleri kurunuz. Hem-cinslerinize yönelik irşad programları tertipleyiniz. Köyden kentten bütün kadınlara sesinizi duyurunuz: "Ey anneler, halalar, teyzeler kadının magazinleşmesine karşı başlattığımız bu onurlu mücadelemize siz de destek olunuz." deyiniz.

## Dost Kadından, Eş Kadına

Kim bilir Anadolu şehirlerinde gözü nâmahreme değmeyen kaç bin kız, babasının evinde müstakbel eşini beklerken; kariyer yapan erkekler onlarla evlenme yerine evsiz ünlülerle dost hayatı yaşamayı tercih ediyordur. Eğer siz konuyla alakalı edîbe, şaire, muharrire, âlime, mürşide kadınları harekete geçirmiş, bu noktada sempozyum, panel, konferans dahil her nevi ilmi, siyasî, ictimâî çalışmaları yapmış, sömürülen kadına da, "Ey kadınlar! Güzelliklerinizi erkeklerin ayağına dökerek, mesud yuvaların kurulmasına mani olmayınız." deseydiniz; erkekler, "dost" kadın bulamayacak, mecburen "eş" kadınla aile kuracaklardı.

Lisede, üniversitede, medresede okuyan, fabrikada kan ter içerisinde çalışan hanımlar, çağımız kadınının bu en büyük sorunu için neden bir araya gelmez; önce Anadolu çapında, sonra Âlem-i İslâm'da ve nihayet bütün dünya genelinde, "Bütün kadınlar için yegâne saadet nizamı evliliktir." diye bir hareket başlatmazlar? Neden sokaklara dökülen kızları; kafelerde, izbe mekanlarda erkeklerle sarmaş dolaş olanları; hep daha iyisini arayan ve bu yüzden de evlenemeyenleri "Allah'ın rahmeti gibi azabı da var." diyerek iffetlerini kuşanmaya çağırmazlar? Eğer dünya, Cehennem'in dehşetini görmelerine mani oluyorsa bu defa neden onlara hayatın içinden müşahhas felaket şekilleri gösterip "Âgâh olunuz!" diye ikazda bulunmazlar? Söyleyin onlara; "Ey erkeklerle diz dize, göz göze zaman öldüren kızlar! Bunlar sizin gençliğinizi ve güzelliğinizi çalıyor. Yarın yaşlanacak, saçlarınıza aklar düşecek, sırtınızda kamburlar oluşacak, yüzünüz çizgilerle dolacak, ayaklarınızda derman kalmayacak. İşte o zaman bunların hiçbirini yanınızda göremeyeceksiniz, kimse kapınızı çalmayacak, hatırınızı sormayacak, kafeye, otele, tatile çağırmayacak."

### Evsizlere Âhir Ömürlerini Hatırlatınız

Yaşlı kadınların ardında hayırlı evlatlardan başka kim dolaşır? Kanser hastası bir kadınla, ailesinden başka kim alakadar olur? Neden itibar sarhoşu olan ünlü kadınlara âhir ömürlerinde ne halde olacaklarını hatırlatmıyorsunuz? Niçin güzelliğini erkeklerin istifadesine sunan evsiz kadınlara, yaşlanınca huzur evinin bir köşesinde mecburi ikamete mahkûm olacaklarını; çocukluktan itibaren haya libasıyla korunan daha sonra da mesud bir yuva kuran kadınların ise yaşlandıklarında çocukları ve torunları nazarında bir kraliçe gibi ağırlanacaklarını anlatmıyorsunuz? Söyleyin onlara "Her yeni eskir, her genç yaşlanır, her doğan ölür. Hiçbir şey aynı halde kalamaz." Kimin gençliği sürekli kaldı ki, evsizlerde kalsın. Onlara, Batı kentlerinden kadın manzaraları da gösteriniz. Sürekli eş değiştiren, güzelliği bozulmasın diye çocuk yapmayan o kadınların sokakta yürürken titreyen ayaklarıyla nasıl bir yalnızlık ve çaresizlik içerisinde olduklarını, hava kararıp akşam evlerine girdiklerinde de duvarların nasıl üzerlerine geldiğini anlatınız. Oysa onlar genç ve güzelken kaç erkek ellerinden tutmak, onlara dokunmak istemişti. Gençlikteki o şehvetin kaç milyonu yaşlılıktaki ızdırabın milyonda biri eder? Ne ki o ihtiyar kadınlar bu felaketi gençlik günlerinde hazırladılar.

### Tesettürü Modaya Uydurunca

Sizi adım adım tarihinizden, dininizden uzaklaştıran bu yapılanmayı görün artık! Tesettürünüzü santim santim açarak iffetinizi çiğneyenlere muhabbet izhar etmeyiniz.

Sen açıldıkça, sen tesettürü modaya uydurdukça, küfür yobazları bayram yaptı. "Çağdaşlık işte bu!"; "Açıl kızım utanma, bu devrin modasıdır." denildi. Bugün öyle bir noktaya gelindi ki bu hali ne Yahudilik, ne de Hristiyanlık kabul etmekte. Hayvandan daha aşağı hayatı yaşamanın adı çağdaşlık oldu.

Hayvanlar arasında bile kıskançlık duygusu var. Sahillerde eşlerini soyup erkeklere gösterenleri hangi vicdanla anlayacaksınız? Gece kulüplerinde, gazinolarda sarhoş kusmukları arasında eşlerini dansa kaldıranları; resmi bayramlarda kızını bir erkekle göğüs göğüse dans ederken seyreden babaları, insaniyetin hangi özelliğiyle anlatacaksınız?

## İffet Çağını Sen Başlatacaksın

Yıkılan iffet sütunları bir anda yükselmez, bir günde haya anıtları dikilmez. Fakat eğer sen hemen şimdi "Sadece İslâm" dersen, ümmet olarak iffet çağını yeniden başlatmış olacağız. Sen dönersen milletin kızları da senin ardından yürüyecek. O halde gittiğin yoldan İslâm'a geri dön. İdeal olan Sahâbe kadınları gibi bir anda dönebilmen, zira varoluşunla doğrudan alakalı olan bu mesele yarına havale edilemeyecek kadar hayati bir öneme sahiptir. Nasıl onlar başörtüsü ayetini duyunca oldukları yerde elbiselerinin fazlalarını yırtıp başlarını kapatmışlardı; sen de, "Belki birazdan ölüm meleği gelir." diyerek, olduğun yerde fiili olarak "İşittik ve itaat ettik." demelisin. Tarih sizden; dininiz, ırzınız ve geleceğiniz adına onlar gibi büyük iffet hamlesini yapmanızı bekliyor. Unutmayınız ki, önümüzde kimse yok diye uzun yollara girmeyenler asla hedeflerine ulaşamazlar.

## Yalnız Olsan da Mücahede Et

Tek başına olsan da kadını sömüren bütün yaşam şekilleriyle savaş. Karma eğitimle, karma iş hayatıyla, misafirlikteki karma oturmayla, karma tatille, karma ziyafetlerle, kızlı-erkekli imtihan meclisleriyle, sokaktaki erkeklere daha güzel görünmek için örtünenle, evine gelen misafir erkekleri karşılamayla, kadını onlara hizmet ettiren anlayışla, kadın-erkek tokalaşır diyenlerle, başörtüsünü daraltıp bez parçasına çevirenlerle usanmadan mücahade et. Unutma ki, Allah Teâlâ seni kadın, erkeği de erkek olarak yaratmıştır. Her birinizde diğerine karşı güçlü bir meyil vardır. Bütün dünya bir araya gelse bu meyli değiştiremez; iki cinsin birbirini tahrik eden hususlarını ortadan kaldıramaz, onları eşitleyemez; Unutma! Karma hayatın çağdaşlık olduğunu söyleyenler dünyanın en yalancı topluluğudur. Onlar karma eğitimi ya da karma hayatı kadınla aynı ortamda bulunmaktan keyif aldıklarından dolayı savunuyorlar. Yoksa onlar da biliyorlarki fabrikada kadına iş alanı açmanın onun zerafetine ihanet olduğunu... Evet onlar, göz ve gönül zevklerini tatmin etmek için karma hayatı istiyorlar. Fakat bunu söylemeye cesaret edemediklerinden konuyu apayrı bir mecraya taşıyıp; çağdaşlık, ilericilik üzerinden tartışıyorlar. Kendi eşleriyle birkaç cümle kurarken yorgun olduklarını söyleyenler, seninle saatlerce konuşmaktan usanmıyorlar, neden?

### Seni Rabbin Çağırıyor

Seni, îcâd ettiği "sevgililer günü" ile eş olmaktan, anne olmaktan uzaklaşmaya çağıran, fuhşu meşrulaştırarak ailene kasteden canilere daha ne zamana kadar itibar edeceksin?

Dön gel artık. Seni asırlık hayat tecrübesi olan deden, burnunu göstermekten utanan babaannen, müstakbel eşin, iffetinle iftihar edecek çocukların ve bütün bunlardan öte seni Rabbin çağırıyor.

## Zeyneb'in İlk Mektep Çıkışlı Annesi

Diploma için bir şehirden diğerine, bir ülkeden ötekine vur ha vur nice mesafeler kat ettin, hasret çektin, gurbete düştün fakat "istikbal" hatırına pes etmedin. Günah demedin, sevap demedin, "Ya tahammül, ya da tahammül." diyerek sabrettin. Bir okul bitti, diğeri başladı, daha yol çok uzun, bense henüz yolun başındayım dedin, doktora yaptın, doçent oldun bütün bunlar olurken izdivaç yaşını geçirdin. Diplomaların duvarda asılı kalmak ya da birkaç kuruş getirmekten başka bir mana ifade etmedi. Sabahtan, akşama; akşamdan da sabaha kadar yavrularıyla birlikte olan annelere özendin. Evlendiğinde, akşam eve geldiğinde kızın; "Anne! Zeyneb'in annesi hep onunla oynuyor, sen neden benimle hiç oynamıyorsun?" deyip ağladığında için acıdı fakat ne yaptıysan nafile. Zeyneb'in ilk mektep çıkışlı annesi gibi bir annelik yapamadın. Çünkü aldığın bütün diplomalar para kazanmaya matuftu.

### Kız Fakülteleri

Kadının mazlûmiyetinden rahatsız olan bütün hakperestleri, İslâm kadınlarının özgürlük mücadelesine destek olmaya çağır ve "Bizler de pardösülerimiz ya da çarşaflarımızla gittiğimiz okullarda, dış kıyafetlerimizi çıkartıp mahremiyet endişesi taşımadan okumak istiyoruz." de. İslâm'ın kızlarının hükümet okullarında okumamasından müşteki olan yobazlara da,

"Eğer bu davanızda samimi iseniz, buyurunuz bizimle birlikte siz de mualliminden hizmetlisine kadar bütün personelin kadın olduğu kız liseleri, kız ilahiyat, tıp, edebiyat ve eğitim fakültelerini müdâfaa ediniz." çağrısında bulun. Kültür-sanat kaleminden, telaffuzu bile mahremiyet ihlaline sebep olan bin çeşit şirrete bütçe ayıran devlet ricaline de, "İmam Hatiplerde, medreselerde okuyan millet evlatları olarak sadece kızlara özel eğitim ve hizmet alanları istiyoruz." de.

### İblis'in Dini mi, Allah'ın Talimatları mı?

Ben bu mektubu erkeklere, gazetecilere, siyasetçilere yazmadım. Onlar böyle bir mektubu okumak istemeyecek, varlığına bile tahammül edemeyeceklerdir. Onların ruh nescini iyi bilirim. Bu satırları görünce, bana hayatı yakalayamamış adam nazarıyla bakacaklar. Çünkü sen karma hayata "paydos" deyince, sokakları "tesettürünün iffeti" örtünce onlar göz keyfinden mahrum kalacaklar. Kadına ulaşmanın, onu ayartmanın, dost hayatı yaşamanın yolları kapanacak. Bu yüzden mektubu, sen durman gerektiği yerde olmadığından dolayı iki asırdır ayağa kalkamayan İslâm ümmeti adına sana yazdım.

Allah Rasûlü'nün ﷺ öğrencilerinden oluşan "Büyük İslâm Kadınları", seni İslâm'ın kızı olmaya çağırıyor. Kapının önünde dikilmiş, "Evladım! Örtülü çıplaklar gibi erkeklerin şehevi bakışlarına vücudunu arz etme, ellerinle kendini Şeytan mezbahaları olan podyumlara, setlere, sokaklara atma" diyorlar.

Bu mektup neşredildikten sonra, en bayağı istismarcıdan daha aşağı olan o-sözde-kadın hakları müdâfî muharrirlerin karma hayatı çağdaşlık, muasır medeniyet seviyesi gibi yalanlarla savunmalarına itibar etme. İmandan ve amel-i salihten başka dayanağın olmasın. Seni, ne kalbinin temizliği ne de babanın hocalığı kurtarabilir. Çünkü Allah Rasûlü ﷺ kızına; "Ey Muhammed'in kızı Fâtıma! Malımdan dilediğin şeyi iste (vereyim, fakat) Allah'ın azabından hiçbir şeyi senden defedemem"[136] buyurmuştu.

İtibarını kaybettiğinde bütün dünya bir araya gelse sana onu iade edemez. Düşme! Düşünce ailenden başka kimseler elinden tutmaz. Güzelliğinden dolayı peşinden koşanlar, o zâil olunca seni ortada bırakırlar.

Unutma! İffet ehramını ayakları üzerine yeniden sen oturtacaksın. Sömürülen zavallı kadınları evlerine sen irca edecek, genç kızlara yuva kurmayı sen anlatacaksın. Sen düzelince yürekler gibi, sokaklar da nurlanacak, bir daha hiçbir kadın erkeklerin ayağına düşmeyecek. İblis'in dinine göre olan birliktelikler son bulacak.

\*\*\*

---

[136] Bk. Buhârî, Vesâyâ, H. No: 2753.

## ALLAH'IN AYETLERİYLE MODERNİTENİN
## NASSLARI ARASINDAKİ MED-CEZİR: KADIN

Münkir aklın vahyi ve yaratılışı inkar et-
mek için uydurduğu taş, yontma taş,
cilalı taş devirleri gibi takdirlerin öte-
sinde gerçekçi bir tasnif yapmak gerekirse; kadının
hayatını, Hz. Havva'dan modern Batı Düşüncesi'nin
zuhûruna ve zuhûrdan günümüze kadar olacak şekil-
de ikiye ayırmak mümkündür. Bu iki dönemin ayrış-
ma noktasını ise kadının erkekle aynı koşullarda ça-
lışma hayatına girmesi teşkil eder. İnkarcı akla göre,
mahremiyete dair kayıtları ihlal edip, erkekle aynîle-
şen kadın özgür ve muteber kadındır.

Özgürlük ve itibar; Doğu'dan Batı'dan, köyden
kentten her nevi kadını derinden etkiledi. Müslü-
man kadın birkaç kuşak farkla da olsa sair kültürlere
mensup kadınlardan geri kalmadı. Peçeli kadınların

torunları altmış yetmiş yıl gecikmeyle de olsa ecnebî erkeklerle aynı mekanlarda bulunup, onlara mesai arkadaşı oldu.

Müslüman kadın özgürlüğe giden yolda en küçük ayrıntıyı dahi atlamadı. Özgür olmak için okudu. Gurbete çıktı. Kazandı, kaybetti, ağladı, hüzünlendi. Fakat erkeklerle girdiği bu yarıştan hiç kopmadı. Akîdesiyle modern hayatın nassları arasında kaldığında, özgürlük ve itibarın cazibesi onu, "sadece İslâm" demekten "sentez İslâm"a götürdü. Kadına dair her şeyi İslâm ve modern hayatın nassları çerçevesinde yeniden yorumladı. İslâm'a muhalif, muasır hayata muhib oldu. Okuldan, işten erkek arkadaşlar edindi. Mahremi olmayan erkeklere selam verdi, selam aldı. Onlarla aynı masada yemek yedi, birlikte okul ya da iş gezilerine çıktı. Şehir şehir dolaştı. Zarfının kıymetine göre, ecnebî erkekler nezdinde gündem oldu. Gaibde, huzurda hep ondan konuşuldu.

Konservatuara gitti. İmkan nisbetinde her nevi sanatsal ve riyazi ameliyelere dahil oldu. Toplu taşıma araçlarına bindiğinde, kadınlığını yani naîf oluşunu hatırladı, erkeklerden yer istedi. Fakat sokakta arp taşıdı, kontrbas taşıdı, yorulmadı. Perdenin arkasından konuşan Peygamber eşlerine inat, sahnede rol aldı. Konser yönetti, sergilere katıldı, sergiler açtı. Erkeklerin lebâleb doldurduğu salonlarda icra-i sanatta bulundu, ilahi okudu. İmam olup mihraba geçemediğinde hayıflandı. Fakat İlahiyat fakültelerinde tefsîr, fıkıh, hadis hocalığı payelerine nail olup, erkeklere mahremiyet dahil mesail-i İslâmîyyeyi anlattı. Söyleşiler yaptı, dergilere kapak oldu. Katıldığı programlara reyting getirdi.

Dışarıda olmaktan, iş toplantılarına ve eğitim seminerlerine katılmaktan keyif aldı. Eşini uyanık halde birkaç saat görürken, sekizden beşe kadar iş arkadaşlarıyla aynı ortamda kaldı. Evdeki birlikteliklerini de, çoğu geceler ayrı odalarda televizyon programları izlemeye tahsis etti. Eşinin yanında eski kıyafetleri, iş arkadaşlarının olduğu meclislerde ise en şık olanları giydi. İşine sarıldıkça eşinden ve evinden uzaklaştı. Kadındaki bu harici alaka, ona karşı harici ilgiyi artırırken, eşinin muhabbetini zayıflattı. Aynı durum erkekte de zuhûr etti. O da "iş arkadaşı" olan kadınlara daha farklı davrandı. Neticede ortaya, evde aradıklarını ancak hariçte bulabilen gayr-i memnunlar taifesi çıktı. Harici yakınlıklar güçlendikçe aile zayıfladı. Krizler, yeni krizlere zemin hazırladı. Hayat sorunlar yumağı haline geldi. Erkek gibi kadın da hal çaresi aradı. Fakat kadının çözüm süreci içerisindeki uğraşıları, nafile ameliye olmanın ötesinde bir anlam ifade etmedi. Modern hayatta kazandığı rolleri kaybetmeme ısrarı, sonraki adımları başlamadan akamete uğrattı. Kadın, bütün oluşlarının hulâsasında asıl anne olması gerektiğini düşünmek istemedi. Problemi bir psikiyatrist nezaretinde göreceği birkaç seanslık tedavi ile aşabileceğini zannetti.

Para kazandıkça özgürlük alanı daha da korunaklı hale geldi. Araba, ev sahibi olunca itibarı göz kamaştırdı. İzleniyor olması ona ayrı bir haz verdi. Hep önde, gözde olabilmek için elinden geleni yaptı. Kuaföre gitti. Manikür, pedikür yaptırdı. Modaya göre yaşadı. Ayakkabısına uygun kıyafet, kıyafetine uygun takılar aldı. Bunlar için gün geldi dükkan dükkan, çarşı çarşı dolaştı. Her kıyafet uyumu yeni bir moda rüzgarıyla demode olduğunda üzüldü, hayıflandı fakat modaya ittibâ hassasiyetinden ödün vermedi. Bir anlamda, hayatı modaya uyum seferberliği olarak gördü. Yorulukça sabır-selamet diledi. Sürekli tekrar eden bu hadiseden muzdarip olsa da müşteki olmadı. Çünkü erkekler nezdinde muteber olmak ona ayrı bir hava veriyordu.

Magazin programlarının malzeme sorununu çözebilmek için "ünlüler" başlığı altında, pek çoğu sömürülen kadınlardan oluşan ve millet evlatlarının kendilerine uyması istenen bir taife ihdas edildi. Bunların yaşam şekilleri ve kıyafet tarzlarını teşhirde podyumlar yetersiz kalınca, diziler ve internet aktif olarak kullanıldı. Dergi ve gazete gibi yazılı basın da bu pazarlama ameliyesinin destek unsurları olarak görev icra etti.

Ecnebî erkeklere şık görünebilme yarışı, açılamadığından kapanan Müslüman kadına da sirayet etti. O da Yahudilerin cumartesi yasağını çiğnemeleri gibi Şeriat'ı, Şeriat'la aşmaya çalıştı. Bu durum o derece

müessir oldu ki; İslâm beldelerinde Allah Rasûlü'nün
صلى haber verdiği gibi "zahirde örtülü, hakikatte çıplak"
kadınlar taifesi kesret ifade eder hale geldi.

Medyanın da etkisiyle, tesettürün nasıl olacağı-
nı Allah'ın ayetleri, Rasûlü'nün Sünneti ve müctehit
imamların hükümlerinden alan İslâm kadını mar-
jinal; moda tasarımcılarına ittibâ edenlerse "Kur'an
talebesi" addedildi. Zahirde Allah Teâlâ'ya hakikatte
ise modaya uyanlar İslâm'ı temsil davasına soyundu.
Onların yaşam tarzları, İslâm yorumları referans alın-
dı. Gazeteci, yazar, mimar, avukat oldular. Panellere,
seminerlere, tv programlarına katılıp erkeklerle konu
ayrımı yapmadan her mevzuyu tartıştılar. Yeni nesle
neyin nasıl olmaması gerektiğini hem hâl, hem de kâl/
konuşma diliyle anlattılar.

Erkeklerle aynı kulvarda vur ha vur yürüyen kadın,
işinden ziyade zarfıyla itibar gördüğünün farkınday-
dı. Bu yüzden ilerleyen yaşlarda da zarf bakımını ih-
mal etmedi. Geçen yılların yüzünde zahir olan izleri-
ni giderebilmek için yüz bakımı, cilt bakımı yaptırdı.
Yarıştan kopmamaya çalıştı. Her nevi bakıma rağmen
yaşlılığın izlerini silmekten aciz kaldığında, kısmî te-
settüre başvurdu. Yani tesettürü mahrem bölgelerini
örtmek için değil uzuvlarındaki kusurları gizlemek
için kullandı.

"Kadınlar yuvalarından çıkıp, beşeri yoldan çıkar-
mış; yuvalarına dönmeli..." diyen ve böyle dediğinden
dolayı öğrencileri ile birlikte idamla yargılanan Bedi-

uzzaman'a aidiyet iddiasında bulunanların bir kısmı da modaya ittibâ sürecinde aktif olarak görev aldı.

Ezcümle, modern zaman kadını özgürleştikçe, Allah'tan uzaklaştı; çağdaş değerlere, modaya, okula, ünlülere, sinemaya kul oldu. Eğer onlara uyduğu kadar Allah Teâlâ'ya ittibâ etmiş olsaydı şüphesiz zâhideler ehramının en tepe noktalarında yer alacaktı.

\*\*\*

## SENİ BİR DAHA
## TACİZ EDEMEYECEKLER

Örtü, kalın çizgileriyle kadının aidiyetini, ayrıntısıyla ise ahlakî ve irfanî derinliğini gösterir. Doğrudan ona ulaşmaya mani olan bir muhafızdır. Örtünen kadın bütün erkeklere, "Benim hassasiyetlerim var, herhangi bir kadın gibi değilim. Eğer okulda, iş yerinde bir ihtiyâcım olursa söze ya doğrudan ben başlarım ya da halktan biri olmam hasebiyle kamunun benimle alakalı bir meselesi varsa ilgililer ya eşim ya da babam üzerinden bana ulaşabilir. Söz de, bakış da yüreğimden doğar. Bugün kafede biriyle, yarın da başka biriyle oturamam. Bakışlarımla kalbimi yalanlayamam. Gözüm birinde, kalbim diğerinde olduğu halde yaşayamam." der.

## Tesettürün Mahremiyet Protokolü

Tesettür, makam odalarının özel kalemi gibidir. Kadını, ulaşılmaz kılar. Erkekle arasına protokol koyar. Kalemin, makama doğrudan girmeye mani olması gibi, örtü de erkeğe, "Dur! Bu İslâm'ın kızıdır. Onunla destursuz konuşulmaz." der.

Tesettürle güzelliğini gizleyen kadın, nâmahreme, "Ben isteyen erkeğin gelip konuştuğu, seyredip zevk aldığı ne bir kukla, ne de kullanılıp atılan bir oyuncağım. Ben anneyim ya da anne adayıyım. Eğer vazifemi îfa noktasında en küçük bir şüpheye mahal verir, nâmahremle muhabbet eder, çay içersem, iffetimle kurduğum, ahlakımla koruduğum ailem zarar görür, 'acabalar' eşimi benden koparır, yuvam dağılır." der.

Kadın, kendini yücelten mahremiyet protokolüne, Allah Rasûlü ﷺ zamanında eksiksiz riayet etti. İnsanların en edeplileri Sahâbe, Müslümanların anneleri olan büyük kadınlarla huzura çıkmadan kapının arkasından konuştu. Cennet annenin ayağı altına serildi. Allah Rasûlü ﷺ, babayla annenin hukukunu mukayese ederken ilk üç sırayı anneye verdi, babanın hakkını dördüncü sırada zikretti.

Kadına güvenilmediğinden dolayı değil, mücevher gibi önemli olduğundan örtünmesi emredildi. Eğer örtünme güvenmeme üzerine ibtina etseydi, erkeklere de kadın gibi tesettür emredilir ve kadının da bütünüyle erkeğe bakması yasaklanırdı.

## Üryan Korosunun Safsata Namusu

Kadının örtünmesini onu hapsetmek, açılmasını ise özgürlük olarak gören üryan korosu, eğer fikir namusuna sahipseler yatak odalarından başlayarak hayatlarındaki bütün muhafaza noktalarını açsınlar.

Ne gariptir ki bu ülkede yıllarca tesettürü yasaklayanlar, kendi iradesiyle kapanan kızların özgürlüğünün kısıtlanmasından bahsediyor. Ya bunlar, "millet rüşdünü kaybetti, neyin özgürlük, neyin de baskı olduğuna sadece biz karar verebiliriz." diyorlar ya da hırsızın devlet malından çalmayı zorlaştıran kanun düzenlemesine, "Bu yasa hırsızların önünü açar." diyerek itiraz etmesi hadisesinde olduğu gibi sihirbazlık oynuyorlar.

Eğer irfan sahipleri, ilköğretimdeki tesettür sürecine müdahil olmazsa; kadını, çirkinliğinden dolayı açamadığı yerleri dışında bütünüyle soyan, örttüğünü de kadınlık cazibesini gösterecek şekilde giydiren, insanla hayvan arasındaki örtünme farkını neredeyse kaldıran moda baronları devreye girecek ve küçücük yavrular, bir felaketten diğerine savrulacaktır.

## Omurgasızların Tesettür Direnişi

Örtünen kadına, "Ben senin mahremiyetini de, farkındalığını da tanımıyorum." diyen, okulda zorla başını açtırarak onun şahsında Dîn-i Mübîn'i aşağılayan, sicili kadın hakkı ihlalleriyle dolu olan sefillerin, kız çocuklarının ortaöğretimde "Örtünerek biz farklıyız." demelerinden rahatsızlık duymaları, meseleyi insan hakları zemininde tartışmaları, "Bizde omurga olmaz, menfaatimize nasıl gelirse öyle konuşuruz." demekten başka nasıl izah edilir?! Zavallılar! Nerede yaşadıklarından habersiz, -gerçek niyetlerini gizleyerek- millet evlatlarını örtüye direnmeye çağırıyorlar.

### Ey İnsanlığın En Sahipsiz Kaldığı Bir Asırda Gelen İslâm'ın Kızları!

İhtiyarları bile tahrik eden şekillerde seni giyinmeye zorlayanlar, ateşin üzerine barut dökmek istiyorlar. Eğer sınıfta defalarca kızların erkeklerden, erkeklerin de kızlardan dolayı kavgasına tanık olmasaydın, ateşle barutun neye tekabül ettiğini belki anlamakta zorlanacaktın. Fakat yaşadığın acı olaylar ya da seyrettiğin çirkin görüntüler maalesef ki sana, ailenden daha fazla bir tecrübe kazandırdı.

Okuduğun okul kızla erkeğe aynı sınıfta eğitim verip, mahremiyet ve tesettür protokolünü ihlal ettiğinden; şehvetperestler, "Naber?" diye şehvet kokan ifadelerle doğrudan sana hitap etme imkanına sahip oldu. Devlet adamları nezdinde işlerini görebilmek için her nevi mücameleyi caiz gören, yani mücamelede sınır tanımayan şahsiyetsizler gibi, sana da anlık sahip olmak isteyen şehvetperestler; gözünü, kaşını bahse medar ederek iltifatlarda bulundu." Kiminin boyuna, kiminin soyuna, kiminin de makamına vurulup ayağın kaydı, bir daha da doğrulamadın. Düştüğünde yanında, ne sana "Açıl kızım utanma, bu devrin modasıdır." diyen küfür yobazları; ne de kaşına, saçına methiyeler düzen iffet düşmanları vardı.

Seni sömürmek isteyen ya da ailesinin hayasızlığı görülmesin diye tesettür protokolünü delmek için çırpınan bu haydutları gör artık! "Durum vahim! Eğer korunmazsan şehvet hastalığı bir gün seni de yok eder." diyen doktora kızma! Ayağa kalk, hastalığı tedavi etmek için çırpınan iffetliler kadrosuna sen de katıl. Kadının podyumda, sinemada, kendini teşhir ederek ırzıyla para kazanmasını çağdaşlık olarak gören yobazlara, "Yuh olsun!" de. Benim yıldızlarım, sizin ancak temizlik elemanı olarak kabul ettiğiniz bodrum katlarda yarı aç yaşayan fakat ırzı üzerinden para kazanmayı "ölüm" kabul eden o büyük İslâm kadınlarıdır" de. Okuluna da git; derse Allah Rasûlü'nün ﷺ babası -haşa- "zinakârdı" diye başlayan yerli oryantaliste de de ki: "Hükümet yasayla yüreklere giremez, eğer İslâm diye bir derdin varsa okuluma buyur da, ümmetin kızlarına tesettürle neleri kazandıklarını anlat". Eğer bu mücadelede yalnız bırakılsan da, sınıfındaki arkadaşlarına merhamet nazarıyla bakmaktan ödün verme! Erkekler onları, "Ne kadar da güzelsin." gibi cümleleriyle ayartmaya çalışırken, sen ilk fırsatta kardeşlerinin yanına gidip, "Ateşe düşen kelebek yanar bacım." de. "Bunlar sizi yakmak, şehvetleri için yolunuzdan alıkoymak istiyor, onlarla gitmeyiniz. Yarın evlendiğinizde, bugün duyduğunuz mahrem sözler içinizde yürek yarası olarak kalır. Kıyamet'te ateşe atıldığınızda, "Ne kadar da güzelsin." sözlerinin de faydasız olduğunu görürsünüz." de.

İslâmcılık üzerinden para kazananların sahipsiz bıraktığı İslâm'ın kızları! Siz, Allah'ın emrettiği gibi kapanır, arkadaşlarınızı da buna ikna edebilirseniz, kadının iki asırlık düşüşü son bulacak, insanlık kadınla düştüğü yerden yeniden yükselmeye başlayacak. Buna da Allah Teâlâ sizi vesile kılacaktır.

Allah'ın çıplak yarattığı insanın tesettüre girmesine anlam veremeyen sefillere gelince, söyleyin onlara, sokakta anadan üryan dolaşırlarsa en azından çıplaklık safsatalarının namusunu kurtarmış olurlar.

\*\*\*

# - DAVA ve KADIN -

## SÖZ DE SANCAK DA ESMÂLAR'DA

H er geçen gün, Mahşer'de bize her şeyden soracak olana biraz daha yaklaşıyoruz. Suriye'de kimyasal silahla zehirlenen, babalarının kucağında titreyerek can veren çocukları, yavrusunun başucunda, "Aç gözlerini!" diye ağlayan çaresiz anneyi, sedyede kurşunlanan hastayı da soracak bize Din Günü'nün Sahibi(cc). Bize de soracak; onları zehirleyen katillere dair meşruiyet fetvaları veren, hutbelerinde onları aklayan, "Zalimlere meyletmeyin..."[137] buyruğunu çiğneyen Suriye Diyanet İşleri Başkanı'na da soracak. Mısırlı Esma'nın katilleri için itaat çağrısı yapan dönemin Ezher Şeyhi'ne de soracak. Şüphesiz bu bahsin sorgu faslında İngiliz Kraliyet

---

[137] Hud: 113.

ailesinin Ortadoğu taşeronları da olacak. Birkaç binlik akıncı güçle, yüz binlik küfür ordularını yaran murabıtlara inat evinde oturan, fare tıkırtısını aslan pençesinin sesi zanneden biz Müslümanlara da soracak.

### Dünyanın En Yalnızları

Hadiseleri seyrediyor, bizzat problemin merkezi olan ABD'den, problemi çözmesi için yardım istiyoruz. Müslümanların yaşadığı, müstağriblerin yönettiği devletlere ait ordular ise sadece seyrediyor. Babaları Bilad-ı Şam cephelerinde çarpışan mücahidlerin çocukları Ümmetin önünde olmanın bedelini ödüyorlar. O çocuklara iyi bakın. Rabbim'in huzuruna çıkınca bize soracaklar o çocukları. Topyekün Allah'ın ipine sarılamadığımızdan dolayı, kurtaramadığımız, seyre mahkûm olduğumuz çocukları. Ümmetin en yalnızları, babalarının kucaklarında çaresiz bir halde titreye titreye, annelerinin mütevekkil ifadeleri arasında Rabb-i Zülcelâl'e yürüdü.

### Eğer O Hayatta Olsaydı

Bilâd-ı Şam'da dünyanın gözleri önünde kimyasal silahla şehit edilen o çocuklar, Allah Rasûlü'nün ﷺ zamanında yaşasaydı böyle yalnız kalırlar mıydı? O, Hudeybiye'de olduğu gibi ya Ashâbını toplar onlardan ölümüne beyat alır, küfre gözdağı verirdi; ya da Huzaalılar yardım istediğinde yaptığı gibi büyük bir orduyla yola çıkar, sınırları aşar, Şam'a girerdi.

Allah Rasûlü ﷺ, kimsesizlere ayrı bir alaka göstererirdi. Medine'de köle pazarında satılırken, "Müezzin Allah-u Ekber dediğinde, günde beş defa Allah Rasûlü'nü ﷺ görmek, O'nun arkasında namaz kılmak istiyorum." diyen çocuğu kendi yavrusu gibi murakabe etmiş, vefat edince de hizmet ettiği eve gidip bizzat kefenlemiş, tabutunu taşımış, mübarek elleriyle kabre koymuştu. Medine'de ve bütün Medinelerde kimsesi olmayan çocukların kimsesiydi O.

Allah Rasûlü dünyevileşen bu ümmet içerisinde yaşasaydı, "Kimse sahip çıkmasa, bütün dünya seyretse de, yalnız başına gidiyorum." der, yıkılan şehirlere varır, enkazdan çocuk çıkarır, Medine'de ölen köle çocuk gibi onları elleriyle kefenler, omuzunda taşır, namazlarını kılar, defnederdi. Diğer çocukların ölmemesi için de katillerle hesaplaşır, hem Müslümanların, hem de modernlerin kıymet ölçülerine iman ve adalet ayarı yapardı.

### Hz. Meryem'den Esma'ya Allah'a Adanmışlık

İmran'ın eşi Hanne, karnındaki yavrusunu Allah'a adamıştı.[138] Allah'a adanan bir kızdı Hz. Meryem. Yahudilere meydan okuyan Hz. İsa işte o adanmış kadının oğludur.

Baba Biltaci'nin, kızı Esma'ya hitaben yazdığı mektupla zahir oldu ki, erkeklerin seyrettiği şehadet mahşerlerinde, Allah'a adanmış kızlar kıyamete

---

[138] Âl-i İmrân: 35.

kadar destanlar yazmaya devam edecektir. Baba Biltacî'nin zahirde kızı Esma'ya, hakikatte ise Ümmet'i Allah Azze ve Celle'ye şikayet babında kaleme aldığı şu mektup Hz. Hanne'deki o büyük adayışın bir tezahürüdür:

"Kızım! Dün gece tarif edemeyeceğim güzellikte bir elbise ile yanıma geldin, uzandın. Ben de sana, 'Hel Hazihi'l-leyletu mev'id-u zifafik / Bu gece, senin düğün gecen mi?" diye sordum. Sen de, 'Fi'z-zuhri ve leyse fi'l-mesa / Düğünüm akşam değil öğle vakti olacak baba.' dedin. Rüyanın üzerinden iki gün geçti. Demir parmaklıklar ardından şehadet haberini aldım. Tam da söylediğin gibi, öğle vakti Adeviyye'de şehit oldun. Anladım ki Allah şehadetini kabul etti kızım."

Şüphesiz, mal ve canlarıyla Allah yolunda cihad edenlerle, evlerinde kadınlar gibi oturanlar Allah'ın huzurunda aynı kıymete sahip olmayacaktır.[139]

İslâm kadınları vakarlarıyla dağ gibi, evlerinde dururlar. Gerektiğinde ise Esma binti Umeys gibi hicret eder ya da meydanlara inerler, Hz. Sümeyye gibi de şehid olurlar.

### Esmaların Zuhûr Vakti

Her Firavun'un Musa'sı, her dönemin de bir Esma'sı vardır. Anadolu da o Esmaların mahşeridir. Erkekler şehit olunca ya da kadınlar gibi oturunca zuhûr eder ve sancağı taşır Esmalar.

---

[139] Nisâ: 95.

Üstad Necip Fazıl'ın İstiklal Muharebesinde önemli bir rol oynayan İzmirli bir İslâm kadınıyla yaptığı şu konuşma, aslında bütün Esmaların hikayesidir:

-Kaç yaşındasın, nine?

- 71...

- Demek İstiklâl Savaşı'nda 20-21 yaşlarındaydın...

- Öyle zahir...

- O günden beri çıkmadın mı köyünden?

- Çıkmadım.

- 50 yıldır çıkmadın ha?

- 50 yıldır...

- O gün, bugün, dünya çok değişti...

- Öyleymiş...

- Bir daha da evlenmedin, öyle mi?

- Öyle...

- Seni, ardı arkası gelmeyen sorularla sıkıyorum, değil mi?

- Estağfirullah...

- Ne yapayım, sen anlatmıyorsun ki, dinleyeyim...
Niçin anlatmayı sevmiyorsun?...

- Sevmem!

- Ne seversin?

- Okumayı...

- Ne okursun?...

- Kur'an-ı Kerîm okurum.

- Okuman yazman var mı?

- Yok! Yalnız Kur'an okurum.

- Kim öğretti sana Kur'an okumayı?...

- Babam...

- Peki, Kur'an okuyan, eski harflerle başka şeyleri okuyamaz mı?

- Ben okuyamam. Allah'ın Kelâmı bana kolay gelir. Öbürleri çetin, kargacık burgacıklar...

- Baban da kocan gibi zeybek miydi?

- Babam köy imamıydı. Hem zeybek diye ayrı bir cins yoktu ki... Burada her mert delikanlı bir zeybekti o zamanlar...

- Ya şimdi...

- Şimdi herkes bebek.

- Ne oldu, nerede öldü baban?

- Seferberlikte Hicaz taraflarına gitti, bir daha da dönmedi.

- Ne kaldı babandan sana?

- Şu köşede gördüğün, yeşil ipek kaplı Kur'an kaldı. Bir de söz...

- Nasıl bir söz?...

- "Kur'an'dan ayrılma!..."

- Sen o zaman 14-15 yaşlarında bir kızdın...

- Öyleydim...

- Sonra evlendin...

- Beni 19 yaşımda dayımın oğluna verdiler, evlendim.

- Tam da Yunanlıların İzmir'e çıktığı yıl...

- Çok geçmeden Yunanlı bu tarafa geldi, bir taburuyla bizim köye yerleşti.

- Anlat, anlat!

- Sen, tek başına, bir tabur Yunan askerini köyden kaçırmışsın!...

- Yok canım, o benim kuvvetim değil; Kur'an-ı Kerîm'in gücü...

- Kur'an'ın gücü mü?

- Ne sandın ya; koynumda Kur'an-ı Kerîm olmasaydı hiç o işi becerebilir miydim ben?

- Kur'an'ın, tüfek gibi, top gibi bir gücü olabilir mi?

- Yüzbin top onun tek harfine denk olamaz!...

- Nine; söyle nasıl oldu?

- Üç aylık kocamı cami avlusunda kurşuna dizdiler.

- Sebep?

- Kızlara saldıran bir Yunanlıyı bıçaklayıp öldürdü diye...

- Sonra?

- Kalktım Yunan kumandanına gittim. Çarşafımı giydim, koynuma Kur'an'ımı aldım, gittim.

- Eeeee?

- Yunan kumandanı meydan yerindeki eski jandarma karakolunda bir masa başında, çizmeli ayaklarını masanın üstüne uzatmış, oturuyordu. Yanında da İzmir'in yerlisi bir Rum... Tercüman...

- Nasıl cesaret edebildin, aralarına girmeye?

- Cesaret Kur'an'ın emri... Kumandan " Ne istiyorsun?" diye sordu.

"Kocamın kanını dava ediyorum!" dedim.

Kahkayayla güldü, ayaklarını masadan çekerek doğruldu.Alaycı bir yılışıklıkla, "Ne yapmamızı emir buyurursunuz?" diye sordu. Ellerimle koynumdaki Kur'an-ı Kerîm'i sımsıkı tutarak...

- Ne cevap verdin?

- "Hemen taburunuzu alıp buradan çıkmanızı istiyorum." dedim.

- Hayret!...

- Evet kumandan, hayretinden ne diyeceğini bilemedi. "Nedir, o koynunda sımsıkı kavradığın şey?" diye bağırdı. Ben de bağırdım, "Dünyanın en güçlü silahı! Hepinizi tuz buz etmeye yeter!..."

- Müthiş!...

- Tam o anda tercüman avaz avaz "bomba!" diye bastı çığlığı...

- Akıl alabilecek gibi değil!...

- Daha neler var bu dünyada aklın alabileceği gibi olmayan...

- Devam et!

- Kumandan dehşetle irkildi, yan yan yürümeye başladı; gözleri bende ve koynumdaki gizli silahta, arkasıyla kapıdan çıktı, meydan yerindeki askerlerine doğru yürüdü. Tercüman da iki büklüm ardında...

- Nasıl oldu da üzerine atlayıp bomba sandıkları şeyi koynundan almadılar?...

- Sıkı mı, ya onu yere bırakıp da karakolu havaya uçurtacak olursam?...

- Sonrası?...

- Sonrası, kumandan askerlerine Rumca bir takım emirler verip onları toplarken, birdenbire müezzinin gür sesi işitildi. Öğle ezanı!... Kocamın tabutu da musalla taşında... O anda bir yaylım ateşi... Olanları haber alan efeler bir tepeciğin üstünden kurusıkı ateş ediyor. Yunanlı askerler kaçıştı, ne yapacaklarını bilemediler. Ben, tam o an, kollarım sımsıkı koynumdaki silahı kavramış, kapıdan çıktım, meydan yerinde göründüm. Kumandan haykırdı. Yunanlılar köy dışına doğru kaçmaya başladılar. Gidiş, o gidiş...

- Demek Kur'an silahtan üstün geldi İstiklâl Savaşı'nda...

- O savaşı Kur'an'ın gücü kazandı!...

### "Cesaret Kur'an-ı Kerîm'in Emri"

"Cesaret Kur'an'ın emri" demişti ya o büyük kadın. Esma da meydana çıkarken cesareti Kur'an-ı Kerîm'den almıştı. Babalarının, hikayelerini günyüzüne çıkarmadığı; Adeviye'nin, Nahda'nın diğer bütün şehide Esmaları da...

Esmalar meydanlarda... Hasan el-Bennâlar'ın, Seyyid Kutuplar'ın kanını onlar da dava ediyor. Silahları ise göğüslerindeki Allah Kelâmı... Kimi zafere kimi de şehadete nail oluyor. Açılan Gök kapısından en güzel elbiseleriyle Rablerine gidiyorlar.

Geride kalanlar, ellerine kelepçe vurulanlar, Suriye'de yavrusu kimyasal gazla zehirlenenler, hayatta kalan yavrularının endişesini taşıyanlar... Onlar ne yapsın, kime gitsin? Çaresizliklerini kime arz etsin? Tecavüze uğrayan Âişeler, Fâtımalar yeryüzünde hangi kuruma dilekçe göndersin. Kime, "Gelin ve bizi kurtarın!" desin. İşgal ordularına mı? Zalimler için meşruiyet hutbeleri okuyan belamlara mı, daha çok kazanabilmenin hesabını yapan bazı akademisyenlere mi? Sisi'nin finansörlüğünü yapanlara mı; adı Ömer, adı Osman diye Suriye'de çocukları katleden İran'a mı? BM'ye mi; İsrail adına Suriye'yi vuran ABD ve Rusya'ya mı? Onları seyredip bu silahları üretenlere mi; hala ırkını kutsayan gafil Müslümanlara mı?!!

Ey Aziz, Muntakîm, Cebbâr ve Kahhâr olan Allah'ım!... Müslümanların Sen'den başka sığınağı yok... İmdad eyle ya Rabbe'l-Alemin. Kahreyle bütün zalimleri, temizle yeryüzünü. Kurtulsun geride kalan bütün Esmalar.

***

# - SÜKÛTUN NABZI -

# RAMİZ, HEYSEM, ŞEYMAAA!!!

Küresel güçler, Suriye muhalefetini istedikleri gibi teşkil edemeyeceklerini anlayınca saflarını Esed'in lehine daha da netleştirdiler. Bunu da BM'yi Esed'e yardım ettirerek izhar etti. İran ve Rusya'nın desteğinde ise bir inkıta yok. İsrail de, İslâm dünyasında yalnızlaşan rejime zaman zaman uyarı/destek atışı yapmakta. Bununla Müslümanlara, "Esed'in katliamlarına bakıp da ondan şüphe etmeyin. Esed benden değil." mesajını verdi.

Arap ülkelerinin pek çoğu ABD'nin talimatlarını, Suriyeli Müslümanlara kabul ettirebilmenin yarışı içerisinde. Bilâd-ı Şam'da ise, "Kâiduna ile'l-Ebed Seyyidünâ Muhammed/Sonsuza kadar kumandanınız Hz. Muhammed'dir" diyen İslâm gençleri, aksakallılar, yetim çocuklar, dul kadınlar, gözü yaşlı anneler ve onların Mevla-i Zülcelâl'i var. UNICEF, Kızıl Haç, Uluslararası Sağlık Örgütü gibi Büyük İsrail'e hizmet edenlere ya da onun için tehdit arz etmeyenlere yardım etmeye memur kuruluşlar ise ortalıkta görünmüyor. Görünüyorsa da "Ben yapıyorum." diyerek Müslümanları oyalayacak oranda meydanda varlar.

Her ne kadar el-Cezîre gibi İslâm Dünyasına yayın yapan kanallar haber bültenlerinde Suriyeli Müslümanlara geniş yer ayırsa da; dev şirketlere hükmeden Arap şeyhleri, dünyalıklarına bir katkı sağlamayacağından ikinci bir habere kadar ya kanal değiştiriyor ya da ABD'den, "Müslümanlara da yardım yapmak caizdir." şeklinde bir beyanat bekliyor. Ezcümle şu an itibariyle sermaye şeyhlerinin gündemlerinde Müslümanlar yok. Zahirde mücahitleri desteklediğini söyleyen bazı devletlerde ise Suriyeli Müslümanlar için yardım toplamak yasak.

Belki de Allah Teâlâ yetim çocukların ezilmediği, dilencilerin azarlanmadığı yeni bir dünyayı kurmak için; Allah Rasûlü'nü ﷺ olduğu gibi, Bilad-ı Şam'daki yetim yavruları da bizzat himayesine almayı murat etti ki[140], onlara sermaye şeyhlerinin parası nasip olmadı.

### Dün Yine Kar Yağdı

Halepli Suzan henüz bir yaşındaydı. Bombardıman ve keskin nişancı tehlikesinden dolayı annesiyle birlikte Muhayyem el-Yermûk'teki evlerini terk edip, Za-

---

[140] Bk. Duhâ Suresi.

hira bölgesinde duvarlarının bir kısmı yıkılan, camları kırılan, çatısında açılan yarıklardan içeriye kar ve yağmur yağan bir okula sığınmıştı. Bu okulda onlar gibi çok sayıda çocuk ve kadın vardı. Sınıf evi, sıralar ise beşiği olmuştu Suzan'ın. Okulda ne soba, ne de elektrikli ısıtıcı vardı. Gaz sevkiyatı zaten durmuştu. Yeteri derecede gıda maddesi, yatak ve battaniye de yoktu. Suzan annesiyle birlikte bu şartlarda, böyle bir okulda yaşam mücadelesi verecekti.

Anne Ümmü Suzan, bir kadının çaresizliğini şu ifadelerle naklediyor: "Dün yine kar yağdı. Tavandan içeriye giren kar taneleri elbise, battaniye ve yataklarımızı ıslattı. Hiçbirini kurularıyla değişme imkânım yoktu. Soba da olmadığından onları üzerimizde kurutmaya mecburdum.

Soğuk duvarlar arasında ıslak elbiselerle geçirdiğim o geceleri ne ben, ne de başka bir anne kelimelere dökebilir. Buna rağmen ne titreyen dişlerim ne de donmuş ellerim umurumdaydı. Sürekli biricik yavrum Suzan'ı düşünüyordum. Kaybettiğim bütün yakınlarımın hasretiyle ona bir daha, bir daha sarılıyordum. Her sarıldığımda soğuğa daha fazla dayanamayacağı endişesi bende daha da artıyordu. Sürekli ellerine ve ayaklarına masaj yapıyordum. Yarım saat kadar devam eden ağlama faslından sonra Suzan sustu ve uykuya daldı. Bu gibi durumlarda uyumanın ölümle sonlanabileceğini bildiğimden hem kendim uyumuyor, hem de onu uyutmamaya çabalıyordum.

Ne kadar gayret ettimse de nafile, bir ara gözlerim daldı. Bu halde ne kadar kaldığımı hatırlamıyorum. Hatırladığım tek bir şey var; o da uyandığımda kızımın bedeninin buz gibi olduğu... Sesimin çıktığı kadar bağırdım: Suzan, Suzaaan, Suzaaaan! Beni hayata bağlayan son dayanağım, biricik yavrum cevap vermedi. İnnâ lillâhi ve İnnâ ileyhi râciûn....

Benzer saiklerle Afganistan'da, Doğu Türkistan'da, Irak'ta, Mali'de kaç Ümmü Suzan yavrusunun cansız bedenine bakıp, "Suzan, Suzaaan! Uyan yavrum!" diye ağladı, sonra da "İnnâ lillâh..." diye "istirca" yapıp derin bir tevekkül içinde Rabb'ine teslim oldu.

### Ramiz, Heysem, Şeymaaa!

Ümmü Ramiz, otuz üç yaşında, dört çocuk annesi bir İslâm kadınıydı. Çocuklarının en büyüğü ise on üç yaşındaki oğlu Ramiz'di. Anne, büyük oğluna nisbetle Ümmü Ramiz diye tekniye edilmişti.

Ümmü Ramiz, bir gün ekmek almak için büyük oğlu Ramiz'i fırına gönderir. Kendisi de kahvaltı hazırlamak için mutfağa geçer. Sofra kurulur, Ümmü Ramiz'in diğer çocukları Heysem ve Şeyma gelip oturur. Fakat iki saat geçmesine rağmen Ramiz fırından dönmez. Endişeden, ne Ümmü Ramiz, ne de Ramiz'in kardeşleri ağızlarına bir lokma koyar.

Ümmü Ramiz, oğlunun gecikmesini hayra yorar, belki yolda arkadaşlarını görüp lafa, belki de oyuna daldı diye düşünür. Diğer oğlu Heysem'e fırına gidip abisini soruşturmasını söyler. Heysem tam evden çıkacaktı ki küçük kız kardeşi Şeyma ayaklarına sarılıp, "Abi! Beni de götür" diye yalvarır. Anne istemeyerek de olsa Şeyma'nın Heysem'le gitmesine izin verir. Ümmü Ramiz, Heysem'e, Ramiz'i bulur bulmaz hemen eve dönmelerini tenbih eder.

Heysem evden ayrıldıktan on beş dakika sonra müthiş bir patlama olur Halep'te. Ümmü Ramiz bebeğini kucağına alıp sokağa fırlar. Önce sesin geldiği yönü tayin eder. Ses, fırının olduğu istikâmetten geliyordu. Yani Ramiz, Heysem ve Şeyma'nın olduğu yönden. Diğer anneler arasına karışıp o da koşar. Yaklaştıkça inilti ve ağıtlar daha da belirgin hale gelir. Yol boyu insanlar, "Esed'in bir uçağı ekmek kuyruğunda bekleyen kadın ve çocukları vurdu." diye söyleniyordu.

Ümmü Ramiz hem koşuyor, hem de derin bir endişe içerisinde, "Ne olur, çocuklarımı canlı göreyim Allah'ım!" diye dua ediyordu. Olay mahalline vardığında ne Ramiz ne Heysem ve ne de Şeyma'yı görebildi. Öteye beriye koştu. Ramiz, Heysem, Şeymaaa! diye defalarca bağırdı. Fakat cevap alamadı. Diğer anneler gibi aramaya devam etti. Önce Heysem'in bedeninden parçalar buldu. Ramiz'in dağılan bedeni üzerinde fırından aldığı ekmek kırıkları vardı. Uzakta Şeyma'nın giydiği kırmızı renk elbiseye benzeyen bir örtü gördü. Ona doğru koştu. Örtüyü kaldırdı, son defa "Şeymaaa!" dedi ve oraya yığılıp kaldı. Şeyma'nın elinde ise kırmızıya boyanmış sımsıkı tuttuğu ekmeği vardı. Annesine götürmek için aldığı ekmeği.

### Çocukların Müna!

Müna, otuz beş yaşında, dört çocuk annesi bir İslâm kadınıydı. Suriye'den Suudi Arabistan'a çalışmaya giden Abdurrahim, olaylar başladıktan sonra aileden geride kalan kız kardeşi Müna'yı günaşırı arardı. Esed güçlerinin saldırılarının, Müna'nın yaşadığı Humus'un Bab-ı Amr bölgesinde yoğunlaşması üzerine Abdurrahim Müna'yı daha sık aramaya başladı.

Abdurrahim yine bir gün Müna'yı aramıştı ki, kardeşi telefonda ağlıyordu. Abdurrahim o gün sokaktan gelen mermi sesleri arasına karışan Müna'nın ifadelerini anlamakta güçlük çekti. Sadece şunları duyabildi: "Kardeşim! Enişteni tutukladılar, ekmeğimiz yok, çocuklar çok aç, öğle oldu hala ağızlarına bir lokma ekmek koyamadılar." Bu ifadelerden sonra hat düştü.

Görüşmenin ardından Müna, çocuklarına ekmek bulabilmek için sokağa çıktı. Fakat, geri dönmedi, dönemedi. Olaydan birkaç gün sonra Müna, Bab-ı Amr beldesi bahçelerinden birinde ölü olarak bulundu. Çocukları için satın aldığı ekmeği koynunda muhafaza ederken, saklandığı bahçede göğsüne isâbet eden bir kurşunla şehid oldu. İnnâ lillâhi ve innâ ileyhi râciûn.

Çaydanlık beklemekten sıkıldı ey Müna!! Humus Mekdus'u (bir yöre yemeği) tabakta kaldı!! Ve evlatların... Hala orada seni bekliyorlar: "Söz bir daha 'açız' diye ağlamayacak, 'acıktık' da demeyeceğiz, yeter ki sen dön anne!" diyorlar.

Sen ey Müna! Kirletilen bu dünyaya bir daha dönmeyeceksin fakat Humus'ta hazırlamak isteyipte hazırlayamadığın o sofrayı, yavrularına Cennet'te ikram edeceksin inşaallah.

### Suriye'de İslâm Kadınları

Ümmü Suzan, Ümmü Ramiz ve Müna! Sizler, bir buçuk milyar Müslümanın sesini duymadığı binlerce İslâm kadınından sadece birkaçısınız. Ne mutlu size ki, bize ulaştıramadığınız yakarışları ve duaları yedi kat semanın üzerinden Allah Teâlâ duymakta. Ne mutlu size ki! Siz ya da çocuklarınız en güzele ulaştı, bizse hala, "Şöyle olsaydı böyle olurdu." şeklinde miskin cümleleri kurmaya devam ediyoruz.

Bu arada sesinizi duyanlar, sizden sonra yavrularınıza el uzatan Müslümanlar da var. Benim bildiğim bir Müslüman Bilâd'ı Şam'a yüzlerce tır gıda maddesi (un, yumurta, çocuk bezi, mama, süt, battaniye) gönderdi. Sevkiyat devam ediyor. Amelini riya kirletmesin diye ne adını ne de şirketini izhar etti. Ne alan, ne dağıtan biliyor onu.

Esed rejimine destek vererek bu zulme ortak olan herkese, özellikle de İran'a ve bütün emperyalistlere lanet üstü nefret olsun.

***

## OLİMPİYATTA DANS,
## BODRUM KATTA NAMAZ

İstanbul sokaklarında dolaşırken Selâtîn Camileri'nden gelen ezan sesi sizi alır muhteşem zamanlara götürür. Sokaklarında sarıklı alimlerin, omuzlarında kitap taşıyan talebelerin, muzaffer kumandanların, iffetli kadınların kemâl-i edeple yürüdüğü sokaklara... Babıali'den yukarıya doğru çıkarken, sağlı-sollu kıraathanelerde, gün sonu yorgunluğunu atarken derste geçen bahisleri müzakere eden ulemâyı görürsünüz...

Dersiâmların akşam evlerine dönüşü bir ihtifal gibi olurdu. Onlar, kaldırımda bastonlarıyla ilerlerken arkalarından sanki bütün sokak da yürürdü. Esnaf dükkanlarından çıkar, onlardan hayır dua isterdi. Karanlık, bir sanatkâr hassasiyetiyle İstanbul'u ne kadar da güzel örterdi.

İstanbul manzaraları, devrimbazları rahatsız etti. Bütün küfür cepheleri adına İstanbul'dan intikam almak için harekete geçildi. Kudemanın izlerini silmek için devrimler yapıldı, camiler yıkıldı, medreseler kapatıldı, darağaçları kuruldu, sarıklarını vermeyen başlar alındı.

Tesettür üryana, kadîm yeniye mahkûm oldu. Bütün insanlık nazarında inhitâta vasıta olan üryan, modernlerin literatüründe terakki addedildi. Oysa Galata Köprüsü'nde bir Osmanlı kızı peçesini kaldırıp, bir erkekle konuştuğunda Batılı seyyah, "Artık endişeye mahal yok. Bugün itibariyle Osmanlı'nın inhitâtı başlamıştır." demişti. Ona göre, Devlet-i Aliyye'nin savrulmasının ardındaki asıl sebep, bir kadının nâmahrem önünde peçeyi kaldırılmasıydı.

Batılı sefirlerin kıyafetlerinden dolayı utanarak dolaştığı İstanbul sokaklarında çarşaf ya da tesettür yabancı ve yapayalnız oldu.

## Konfor Müslümanı

Muhteşem zamanlarda erkekler bile sokağa cübbesiz çıkmaktan haya ederdi. Atın üstünde de, namaz safında da üzerlerinde cübbe olurdu. Erkeklerin tesettürü, örtündüğünü zanneden pek çok "konfor müslümanı" kadından daha fazlaydı. Bugünkü pantolonları ne bir terzi diker, ne de onlarla bir Müslüman camiye çıkabilirdi. Şimdi ise onların namaza durduğu saflarda "yaz donu" giyen marka müslümanları var.

Çorlulu Ali Paşa Medresesi'nde, Lâlezâr'da modernlerin kadınlarını ve onları şehvetle seyredenleri görmeye mahkûm duvarlar, ne kadar da özlüyordur "bir an gözü harama kaysa bir ömür gözyaşı döken" Müslüman gençleri.

Kız liselerine ya da karma okullara dönüşen kız medreselerinin ictima yerleri, cümle kapıları, derslikleri, onları dinleyecek kulaklara neler söylerler kim bilir? Belki de susar, "Haya var canım. Gördüğümüz bu rezâili anlatmaya dilimiz varmıyor" derlerdi.

Şehrin en sahici fotoğrafı olan makberler, yaşayan ölülere ne kadar duyurmak istiyordur seslerini. Fatih'in kabri, belki de yan caddeden jiple geçerken elindeki sigarasını camdan dışarı sarkıtan hanımefendiye, "Bu topraklarda hem sigara içmek, hem de âşufte suretinde dolaşmak yasaktır." diyordur. Fakat kim duyar, duysa da kim dinler ki? Çünkü, yaşayan ölüleri kabirden gelen sözler değil ancak İsrafil'in suru diriltebilir.

### Bodrum Katlar

İlmin hatırına ayağa kalkıp hürmet edilen hâfizelerin yerinde şimdi bodrum katlardaki köhne dairelerde fıkıh, tefsîr okuyan, boyları kadar büyüklükte çöp kovalarını çarşaflarıyla sokağa çıkaran talebeler var. Onlar, hacı amcaların, hacı teyzelerin aile apartmanlarının bodrum katında bir dairede, otuz-kırk kişi bir arada "Emsile, Bina, Mülteka…" okuyup, yeni

Türkiye'nin yapı taşlarını döşüyorlar. İslâm'a aidiyet, bu namsız nişansız ilim yolcularının algılarına o derece tesir etmiş ki, sanki bodrum katını Cennet'ten bir köşe görüyor, bu yüzden orada olmayı üniversitede okumaya tercih ediyorlar.

### Hacı Amca[141]

Fıtır sadakasını vermek için yılda bir defa medreseyi ziyaret eden Hacı amcanın lisans eğitimini özel üniversitede, doktorasını Avrupa'da yapan kızı ise; altında en âli marka arabası, çantasında da limitleri yüksek banka kartları olmasına rağmen, daha zengin, daha güzel, daha başarılı, daha ünlü olamadı diye bir kriz nöbetinden diğerine savruluyor, haftada bir psikolojik destek alıyor. O, her nevi nimet içinde dünyası için acı çekerken, bodrumdakiler, "Ya Rabbi! Arakan'da ki, Suriye'deki kardeşlerimiz bu kadar nimete de sahip değil. Verdiklerine layık olamamanın acizliği içerisindeyiz." diye tazarruda bulunuyor, ümmet için ağlıyorlar. Hacı amcanın kızının stresten uyuyamadığı saatlerde, onlar bodrumda seccadenin üzerinde şükrediyor, hamdediyorlar.

Onlar, bodrum katlarda medeniyetin kitaplarını okusun; âli hizmet ve himmet sahipleri ise dünya milletlerine ait kızlara, stadlarda şarkı söyletmek

---

[141] Bu yazı 17 Aralık olaylarından önce kaleme alınmış, Hüküm dergisinde de yayımlanmıştır.

için zekat paraları toplasın. Bodrumlar medrese talebelerine, zekat paraları da, "hizmetin şarkıcı kızlarına" temlik edilsin. Vakıflar, örtülü çıplakların yurt dışı eğitim giderlerini karşılamak için geniş katılımlı himmet toplantıları düzenlesin, büyük meblağlar toplansın. Abiler hocalarına, "Mana aleminde Allah Rasûlü'nü ﷺ gördük." diye mektuplar yazsın. Milletin, "Acaba?"ları, "muhdes rüyalar"la izale edilsin. Himmetler hizmete kalsın.

### Yedi Gün Yirmi Dört Saat

Geçenlerde bir Hacı amca aradı, "Falan hocaefendi, Kur'an-ı Kerîm hizmetinden hoca hanımların ücret almasını doğru bulmazdı. Buna rağmen onlara bir miktar hediye vermek caiz midir?" diye sordu.

Kur'an-ı Kerîm okutma karşılığında ücret almanın caiz olmadığı malumken, Hoca Efendi'nin gönüllü olarak İslamî ilimler okutan hanım hocalara bir aylık takdir etmesi nasıl düşünülebilirdi? Hem sonra bodrum katlardaki medreselerin kira paralarının dahi binbir zorlukla ödenebildiği bir zamanda nasıl olurdu da milleti, hocalara hediye vermeye teşvik edebilirdi. Garip olan şu ki Hacı amca, şarkı söyleyen kızlar için "hizmet" diye milyonlar verirken, bodrum kata hapsettiği yedi gün, yirmi dört saat İslâm'a hizmet eden hoca hanımlara hediye vereyim mi diye soruyor. Madem her şeyi soruyorsun, neden şarkıcılara verirken de "Bu caiz mi?" diye sormadın?

### Yapayalnız

Neden zengin müslümanlar Kur'an-ı Kerîm talebeleriyle ilgilenmek istemez? Kapı kapı dolaşıp erkeklerle çatır çatır burs pazarlığı yapmadıklarından mı? Nâmahrem diye ecnebîlerle konuşmadıklarından, yüksek sosyeteyi rahatsız eden kıyafetler giydiklerinden mi? Neden onlar on beş milyonluk şehirde yapayalnızdırlar?

Sahi "Hacı amca" kıyamet günü Allah Teâlâ'nın huzuruna hangi öğrencilerle gitmek ister? Zekat parasını temlik ettiği şarkıcı kızlarla mı; bodruma mahkûm ettiği medrese talebeleriyle mi?

### Âtinin Habercileri

Bodrum katlara mahkûm edilen kız çocukları, âtinin habercileridir. Onlar yalnızlıklarıyla İstanbul'un İstanbul'dan/İslâm'dan koparılamayacağını haykırıyorlar. Selâtin Camileri, Ezan-ı Muhammedî, mezar taşları da şahitleri...

Onlar, bodrum katlarda doğacak İslâm güneşidir. Onlarla, iffet ve tesettürün şafağı yeniden sökecek. Onların bereketiyle devrim masalı nisan karı gibi eriyecek. Onlar bodrum katta tahsil ettikleri irfânı sokağa taşıyacak, icbarla gelen devrim, halkın ihtiyarıyla çekip gidecek.

Onlar Fatih'e ayrı bir nazar armağan etti. Şimdi, kadınsı elbiseleriyle dolaşan erkeklerle, erkeksi elbiselerle arz-ı endâm eden kadınlar, "yabancı sefir karısı" gibi görünüyor Fatih'te. Fakat bu haliyle Fatih, ne bütün Müslümanları, "Haydi! Fetret bitti, İslâm'a dönüyoruz." diye sevindirecek, ne de Gezicileri, "Eyvah! İrtica geldi." diye ürkütecek çapta bir kemiyete sahip. Fatih'i önemli kılan ise, Osmanlı'yı doğuran Söğüt gibi olması... Taksim yobazları Fatih'in Söğüt olmasından, yeniden o kızların, o ulu hocaları doğurmasından ürküyorlar.

### Seher Vakti Rüyası

Fatih, İstanbul'da görülen bir "seher vakti rüyası"dır. Yerin altındakileri mahkûmiyetten kurtaracak hürriyet rüyası... Fatih'in kabrinden Taksim'e doğru ilerlerken, İslâm'ın gurbete düşmediği bir şafağın söküşü, diye tabir edilecek bir rüya bu. Gerçekleşmesine tek mani ise onların da dünyevileşme sendromuna yakalanıp hürriyet rüyasını esarete mahkûm etmeleridir.

### Roller Değişecek

Eğer onlar "istikâmet"lerinde devam ederse; Fatih, Bizans adına nöbet tutan ayyaş gardiyanların elinden kurtulacak. Roller değişecek. Gezici ayyaşlar, işte bunun için endişeli ve umutsuz.

Devrimbazlar, Fatih'in sonsuza kadar tutsak; ayyaş gardiyanların da ilelebed hakim olmasını istiyordu. Anlaşmalar, hazırlıklar hep bu çerçevede yapılmıştı. Fakat başaramadılar. Büyük oyun bozuldu. İffetli kızların duaları, bodrumlarda kılınan teheccüt namazları, okunan medeniyet kitaplarıyla şimdi Fatih'te bütün memleketi nurlandıracak İslâm şafağı söküyor.

Şüphesiz bir şehrin millet adına uyanması kolay olmayacak. Ayyaşların, beynelmilel sarhoşları da yanlarına alarak, "Bu, küfrün İslâm'la hesaplaşmasıdır." dediği yerde, biz de, "Ey Müslümanlar! Birleşiniz, bu İslâm'la küfrün savaşıdır." diyebilirsek ulvi ruhların teheccüt saflarındaki duası, bodrum katlardan yükselen aminlerle Zülkarneyn Seddi gibi yükselecek ve -Allah'ın inayetiyle- eşkiyayı karanlığa gömecektir.

\*\*\*

# - İTİRAF -

# YAKUP KADRİ'NİN ZAVİYESİNDEN
## ÇARŞAF

Münafık, duruşunu siyasi güce göre ayarlar. Ayakta durabilenin hemen sağ yanında yer alır. Ağaçların tepelerine kadar tırmanan maymun gibidir. Dışardan bakıldığında en tepe noktada o görülür. Ne var ki ağaç yıkılırken ilk olarak o firar eder.

Münafık, en olura olmaz, en olmaza da olur diyen iki yüzlüdür. Zor zamanda ayrılan, iyi günde nimet kuyruğunda en önde yer alandır.

Devlet-i Aliyye'nin ahir ömrü ile Cumhuriyet'in ilk yıllarını bir karede incelediğinizde nifakın insanda zıtları nasıl cem ettiğini de görmüş olursunuz.

**Yakup Kadri'den Halide Edip'e Çarşaf**
Yakub Kadri, Devlet-i Aliyye'nin ahir ömründe

yani çarşafa karşı mantonun tervîc edildiği yıllarda, çarşafın yanında yer alır ve modernleşmeye karşı tesettürü savunur. Aynı durum Halide Edip için de söz konusudur. Nitekim Yunanlıların İzmir'i işgali üzerine Fatih'te düzenlenen mitingde söz alan Halide Edip'in üzerinde de çarşaf vardır.

Yakup Kadri, 1915 yılında kaleme aldığı, ancak 1923'te İslam harfleriyle neşrettiği "Kadınlık ve Kadınlarımız" başlıklı eserinde İslam kadınının batılılaşmasını eleştirir. Eserin bir bölümünde ise "çarşaf ve peçe"yi müdafaa eder. "Allah, bu dini facirlerle de destekler." kabilinden bu ameliye, "Okun Ucundan" başlığı altında 1940'ta basılan kitapta da yer alır.[142]

### Kadro Dergisi ve İslam'ı Tahkîr

Cumhuriyet'in ilerleyen yıllarında milletin değerlerinden uzaklaşan ve Batı'yı, yeni dünyanın kıblesi olarak gören Yakup Kadri, hemen her kitabında inkılaplarla dengeli beslenebilmenin yollarını anlatır. Bunu yaparken de İslam'la alakalı gördüğü her unsuru tahkir etmekten geri durmaz:

Anadolu'yu, "Düşmana akıl öğreten müftülerin, .... asker kaçağını koynunda saklayan kadınların, frengiden boynu çökmüş sahte sofuların, cami avlusunda oğlan kovalayan softaların türediği yer..."[143]

---

[142] Yakup Kadri, *Okun Ucundan*, Remzi Kitabevi, İstanbul, 1940, 79-81.

[143] Yakub Kadri, *Yaban*, 129.

olarak tanımlar.

Devlet-i Aliyye zamanında çarşaf müdafaası yapan Yakup Kadri 1930'larda, Ankara'dan bakıp Anadolu'yu ve müslüman milleti aşağılayan anlayışın sözcülüğünü üstlenir. Milleti, "yobazların ve softaların safsatalarından" kurtarmak (!) üzere kurulan Kadro Dergisi'nin imtiyaz sahibi olur.

Yakup Kadri, yeni dönemdeki ameliyesiyle eskiyi sürekli tekzip etse de, "Bozuk saat de günde iki defa doğru söyler." kabilinden, hayatının doğrusunu hazfetmeye muktedir olamaz. Fatih Mitingi'ndeki çarşaflı kadın ve "Kadınlık ve Kadınlarımız" kitabı, Halide Edip'le Yakup Kadri'nin doğruları olarak tarihe geçer.

Yakup Kadri'ye ait bu yazıyı farklı şekillerde, değişik meclislerde mefhum itibariyle arz etmiştim. Bir de şu hadise vesilesiyle sizlerle paylaşmak isterim. Yıllar önce tenha bir sokakta yanımda çarşaflı bir kadın ve iki çocuk olduğu halde yürüyordum. İlerde bir noktada önümüzde yürüyen kalabalık bir kadın topluluğu ile karşılaştık. Tam bu sırada içlerinde küfür yobazı olmaya hepsinden daha müstahak olan birisi diğerlerine mini konferans sadedinde bizim çarşafı konu alan bir konuşma akdetmeye başladı. Kadın, o an uydurduğu kuvvetle muhtemel olan bir senaryoyla başkaları üzerinden bize şu şekilde nasihatte (!) bulunuyordu: "Geçenlerde güzelliğini, giydiği kara çarşafla örten genç bir kızla karşılaştım. 'Yapma, kendine kıyma, özgür ol yavrum! Nedir bu, matem mi tutuyorsun? Türk kadınına karalar yakışmaz.' dedim. Çok şükür mutaassıb değilmiş, sözüme kulak verdi." dedi.

Kadın, söyleyeceklerini henüz bitirmişti ki adımlarımı yavaşlatıp onlarla aynı hizada yürüyüş halinde hepsinin duyacağı bir ses tonuyla yol arkadaşlarımın şahsında konuşmaya başladım. Yakup Kadri'nin sistem için ne kadar önemli olduğunu beyandan sonra ilgili kitabından, "Çarşaf ve Peçe" ile alakalı ifadelerini naklettim. Bir anda kadın ve cemaati, elindeki silah kendine dönen bir asker gibi hareketsiz kaldı.

İşte buyurun. Bir müstağribin zaviyesinden çarşaf ve peçe... Belki bir sokak, bir okul ya da bir mağazada sizin de anlatmanız ya da çarşafı müdafaa etmeniz gerekebilir.

### Çarşaf ve Peçe

"Bu çirkin asrın ve bu çirkin muhitin yegâne süsü, yegâne güzelliği sizin çarşafınız, sizin peçenizdir. Yalnız bunlardır ki, gözlere hâlâ bakmak tahammülünü, bakmak arzûsunu veriyor.

Niçin onlardan müşteki gibisiniz? O mazrûfa (bedene), bu zarftan daha muvâfık ne olabilir? Sizi böyle gördükçe bir kadının başka türlü nasıl giyinebileceğini düşünüyorum ve çarşafsız, peçesiz bir kadın tahayyül edemiyorum.

Siz bizim aşkımızın, hürmetimizin, siz bizim kıskançlığımızın mutî mahbûseleri değil misiniz? Vücudunuzun şeklini alan bu dil-firîb (cazibeli) mahbesi, sizin etrafınıza, sizin yüzünüz üstüne biz ördük; bizim ihtimâmımız, bizim muhabbetimiz ördü. Sizi güneşten, havadan, sizi kem nazardan sakındık da böyle yaptık. Yazık değil mi ki, o saçlara güneş vursun, o yüzü havalar, tozlar hırpalasın! Yazık değil mi ki, -ma'azallah- o gözlerin harîmine kolayca lâubâli bir yabancı gözün kıvılcımı sıçrasın?

Düşündük ki, belki bilmeyerek, belki farkına varmayarak birine gülüverirsiniz. Nazarlarınız belki, bilâ-ihtiyar (irade dışı), birinin üstünde fazlaca tevakkuf ediverir. Onun için yüzünüzü örttük. Zira tebessümlerinizin, bakışlarınızın kıymetini biz anlıyor, biz biliyorduk. Gönlümüz onların öyle lüzumsuz yere heder olmasına acıdı da, bir ipek mahfaza içinde muhâfazalarına lüzum gördü. Çünkü siz hilkaten (yaratılış itibariyle) müsrifsiniz (elindeki kıymeti boşa harcayan), hazinelerinizin bahasını bilemezsiniz. Her şeyde bahîl olan tabiat, bütün cömertlik kabiliyetini size verdi, sizin kalbinize döktü, fakat öyle bir ifrâd ile ki, nihayet böyle bir tedbire ihtiyaç mes etti. Zaten insanların yegane vazifesi tabiatın hatalarını tashihe çalışmak değil midir?

İnsanlar, kadınlara tahakküm ettikleri gündür ki tabiata galip geldiler. Cemiyetlerin ve medeniyetlerin esasını bir erkeğin kıskançlığı kurdu. Memleketlerden, vatanlardan evvel, ilk müdafaa edilen kadındı. Bana inanınız, bütün bu evler, bu mabedler ve bu şehirler sizin için yapıldı ve sizin açıldığınız ve sizin kıskançlık mahbesini yıktığınız yerlerde derhal evler yıkıldı, mabedler harap oldu, şehirler çöktü. Çünkü, sizin mahbesleriniz, o yerlerin surları idi, kaleleriydi.

Niçin başka cinsten (milletten) kadınlara bakıp da başınızda garip mütalaalara meydan açıyorsunuz? Onlardan size ne? Siz başlı başınıza bir âlemsiniz. Ben o âleme girdiğim dakikadan itibaren hariçte bir başka mevcudiyet var mı, yok mu, unuttum bile. Siz niçin kendinizde herkesi unutmuyorsunuz?

Söze başlarken size demiştim ki, bu çirkin asrın, bu çirkin muhitin yegâne süsü, yegâne güzelliği sizin çarşafınız, sizin peçenizdir. Memnun ve müsterih yaşamak için bu kanaat size kifâyet etmez mi? Halbuki benim ruhumu sadece bu kanaat dolduruyor: Peçeniz ve çarşafınız... Bunlardır ki, bana muhabbeti öğretiyor; hayata muhabbeti, aşka muhabbeti, memlekete muhabbeti öğretiyor, bâhusus memlekete muhabbeti...

Zira sizin bu örtüleriniz, bu süsleriniz değil midir ki, minarelerden ve o al râyetten sonra bu serseri ruha bir râzâşinâ melce (dost sığınak) ve bir emin mersâ (güvenli liman) saadeti veriyor. Peçenizin kudsiyetini şuradan anlayınız ki; bir yabancı elin ona uzanması ihtimâli bile, gayz nedir, hırs nedir, intikam nedir, kin nedir hiç bilmeyen bu tembel ve yorgun ruhta, beldeler yıkacak, burc ü bârûlar (kaleler ve kuleler) devirecek bir ateş alevliyor.

Gördünüz mü? Peçenizden bahsederken, haşin adımlarla, yüksek surlar etrafında dolaşan bir eski kahraman gibi söz söylemeye başladım. Belki, bunların hiç birini yapmayacağım, fakat emin olunuz ki, şu dakikada çok samimiyim. Size, sizin örtülerinize ve süslerinize doğru teveccüh edince, kendimi her şeye kadir farz ediyorum. Tarih, menâkıb-ı beşeriyeyi dolduran en büyük kahramanlıklar, bana birer çocuk oyunu gibi geliyor.

Sakın onları çıkarmayınız, sakın onları atmayınız. Bu çirkin asrın, bu çirkin muhîtin ortasında, asâlet ve zerâfete yegâne dâl (delalet eden) olarak, bunlar, sade bunlar kaldı. İnsanlar senelerden beri, insanlığı terzîl için ve cemiyetlere manzaraların en fenasını vermek için sevimsiz bir cinnetle her şeyi devirdiler. Bu gürûha peyrev olmak (peşinden gitmek) size yakışır mı? Ben sizi zamanların ve insanların fevkinde, onların haricinde biliyorum. Siz mestûr (örtülü) ruhlardan değil misiniz? Dünya yüzünde tek başına kalan ulvî bir dinin İlâhı, sizi bu sıfatla sâir mahlûkat arasında mümtaz kılmamış mıydı? Siz O'nun halkettiği cennet-âsâ (cennet gibi) âlemin meleklerisiniz. O, "Kitab"ında sizin isminizi zikretti. O vakitten beri siz, mukaddesat meydânına girdiniz. Artık ne hâle (bugüne), ne mâzîye, ne de âtîye (geleceğe) mensupsunuz. Yalnız unutmayınız ki, sizi bu mertebeye, bizim aşkımız, bizim hürmetimiz, bizim kıskançlığımız is'âd etti (yükseltti)."[144]

*\*\**

---

[144] Kanûn-u Evvel 1331/1915.

# - HALİMİZ, ÇAREMİZ -

## KARMA HAYATTAN MAHREM HAYATA
## NASIL GEÇİLİR?

**D**ünya milletlerinin ırkının kölesi oldu-
ğuna inanan Yahudi'nin varlık felsefesi,
"öteki" olarak gördüğünün ezilmişliğin-
den beslenir. Siyasî hamleleri de ötekileştirdiği mil-
letleri sömürme üzerine ibtina eder. Yahudilik; "Sapık
bir akideden" doğan hasta bir dünya görüşüdür.

Yahudi'deki bu hastalığı görmeden onu insanlığın
hizmetinde bir millet olarak kabul etmek, siyasî varlı-
ğını meşru addetmek nâmütenahi sorunlara yol açar.
Müslüman'ın dünya görüşü "sahih bir akîde" üzerine
ibtina ettiğinden temsil ettiği dinin, hiçbir millet üze-
rinde "yan etkisi" olmaz. O, tatbik edildiği bütün mil-
let yapılarına "mutlak fayda" getirir.

Bütün Rasûller gibi Allah Rasûlü de ﷺ, İslâm'ı teb-
liğe, zihinleri "sahih akîdeyi" kabul eder hale getire-

rek başladı. Mekke'de bütün muhataplarını "muhacir" olarak mezun veren bir akide mektebi kurdu.

Sahâbe, İslâm'ın esası olan kelime-i tevhidin birinci cüzünü yani "Lâ ilahe illallah"ı söyleyerek cahiliyyeden kalma bütün hastalıkları kustu. Muzahrafattan temizlenen zihinlere emân geldi. Emir ve nehiyler o tertemiz zihinlerde neşv-ü nemâ buldu. Allah Rasûlü ☀, önce yürekleri sonra sokakları teslim aldı.

### Tahliye

Allah Rasûlü'nün ☀ ,Sahâbenin zihin dünyasını beşeri kirlerden tahliye etmedeki muvaffakiyeti; akidede kabul edilen İslâm'ı, ictimâî alanda örflere mahkûm olmaktan kurtardı. İslâm Yahudilik ya da Hristiyanlıkta olduğu gibi uygarlıklara kurban edilmedi. Bu durum namaz kılan fakat açık dolaşan kadın ya da zekat veren fakat faiz alan Müslüman suretlerinin ortaya çıkmasına mani oldu. Kur'an-ı Kerîm, "Tesettür ilahi buyruktur." deyince, Medine'deki kadınlar evlerine kadar açık yürümeyi ilahi emre isyan olarak gördü ve oldukları yerde kapandı. Ayet, "İçkiden vazgeçtiniz değil mi?" dediğinde Medine'deki evlerde su gibi içki tüketilmekteydi. Evindeki içki küpünü alan sokağa çıktı, dökülen küplerden dolayı sokaklar saatlerce içki aktı. Allah Rasûlü ☀; "Kim ırkçılığa çağırır, onun için savaşır ve o yolda ölürse benden değildir" buyurdu. Önceden ırkının üstünlüğü meselesini konuşmayı bile zaid gören Sahâbe, başka bir millete aidiyetinden dolayı aşağıladığı siyah Müslümana, "Ey siyah kadının oğlu! Siyah ayaklarınla başımı çiğnemeden secdeden kalkmam!" diye özür beyan etti.

### Akâid Rükün, Fıkıh Muhafız

Beşerî hukuk sistemleriyle İslâm, tam bu noktada birbirinden ayrılır. ABD'nin 1930'lu yıllarda yüzlerce adalet sarayı, binlerce hukukçu, on binlerce polisle milyonlarca dolar harcayarak, binlerce insanı hapsederek, yüklü miktarda para cezası keserek yasaklayamadığı içkiyi İslâm, üç aşamada önce yüreklerden sonra da bütün bir cemiyetten silip kaldırdı. İmanla ruhları teskin ve tanzim edilen Sahâbe, yasağa "İşittik ve itaat ettik." şeklinde karşılık verdi. Fıkıh cemiyete muhafız, akâid de fıkha rükün oldu.

İnsana ait olan beşeri hukuk sistemleri, onlarca müessesenin katkısı ile vücud bulur yine de uygulamada istenilen netice alınamaz. İslâm ise, Hz. Peygambere, "sihirbaz, kahin, mecnun" diyen mühürlü yüreklerin önce kilidini açar, içlerini tahliye eder sonra da ayet ve hadisten istinbât edilen ahkâm-ı fıkhıyyeyi onların cemiyetine tatbik eder. Bunu yaparken ne beşeri hukukta olduğu gibi kamuoyu desteği almak için anketler yapar ne de millet içinde ona karşı gayri memnunlar taifesi oluşur.

### İMAN-HÜKÜM

Batı hukukunun inşa faslında belirleyici olması gereken kilise, kendini manastıra hapsettiğinden cemiyeti tayin vazifesinde görev almaz. İslâm'da ise iman üzerine ibtina eden ve imanla korunan her bir hüküm, esas itibariyle Allah'a ve Rasûlü'ne aittir. Bunun içindir ki Maide suresinde "yol kesenlerle hırsızların cezasından" bahseden ayetler (33-38) arasında "takvayı, Allah Teâlâ'ya ulaşmaya vesile aramayı, O'nun dinini yüceltmek için yolunda cihad etmeyi" (35) emreden ayet-i kerîme yer alır. Kur'an-ı Kerîm bu tasarrufla, iki suçu önleyecek hükmün, ancak Allah'a iman eden "muttakiler" toplumunda olabileceğine işaret eder.

İsra Suresi'nde yer alan, "Beşeriyetin Kurtuluş Beyannamesi"[145] de "tevhit çağrısı" ile başlar ve yine "tevhit"le son bulur. İlahi talimatların, küfre ait bütün değerleri zihinden tahliyeye davetle başlaması, Müslümanın "muvaffakiyet ufkunu" açar. Ona nereye doğru, nasıl yürüyeceğini gösterir. Zihnini tahliye eden Müslümanın hayatında, Arap-İslâm, Türk-İslâm, Kürt-İslâm gibi sentezlere sebep olacak bir maraz kalmaz. Çünkü tahliye, küfrün esaslarını bütünüyle tasfiye eder.

İslâmî hükümleri tatbik etmedeki muvaffakiyet yolu, iman-amel sistemini dikkate almaya bağlı olduğundan Müslüman, her durumda buna riayet etmelidir. Aksi ise Beşeri Hukukta olduğu gibi cemiyeti, suç ve ceza denklemine mahkûm eden bir kanun devletine dönüştürür. Kanun devletleri, vicdanları manastırlara, manastırları da papazların hevalarına mahkûm ettiğinden, adaletin tahakkukuna vasıta olamazlar. Ne

---

[145] İsra: 22-39

sokakları koruyabilir, ne de millet malını himaye ede-
bilirler. Bu yüzden her gece sabahlara kadar şu kadar
polis sokaklarında devriye gezer.

### Zina; Milletlerin Felaketi

Kur'an-ı Kerîm, hem iman-hukuk birlikteliğine
hem de peş peşe gelen hükümler arasında münasebete
riayet eder. Bu yüzden, "Açlık korkusuyla çocuklarını-
zı öldürmeyin." ayeti ile "Haksız yere cana kıymayın."
ayetleri arasına, "Zinaya yaklaşmayınız." talimatını
koymuştur.[146]

Neden Allah Teâlâ, "Çocuklarınızı öldürmeyin." ve
"Cana kıymayın." talimatları arasına, "Zinaya yaklaş-
mayınız." buyruğunu koymuştur? İslâm'ın beşeri hu-
kuk sistemleriyle ayrıldığı temel hususlardan biri olan
bu tanzim, aslında şunu da söylemektedir: "Bir şehvet
giderme vasıtası olan zina, insanları ve hatta milletleri
yok eden bir felakettir. O kadar büyük bir felakettir ki
kaç felaket şekli varsa zina hepsine taliptir. Bu yüzden
insanı yaratan ve onu korumanın usûl ve esaslarını
tayin eden Allah Teâlâ, "Zina etmeyiniz" yerine; "Zi-
naya yaklaşmayınız" buyurmuştur. Çünkü zina, hem
ferdî hem de içtimaî anlamda bir katliamdır.

Zina, ferdî anlamda bir katliamdır, çünkü gayri
meşru yoldan kazanılan çocuklar ya kürtajla hakika-
ten ya da doğduktan sonra hükmen öldürülür. Cami
önüne ya da izbe bir yere bırakılan her çocuk hükmen

---

[146] İsra: 31-33.

ölüdür. Onlar, varken yokluğa mahkûm edilen; İnsan yığınları içerisindeki kayıp zavallılardır. Bu yüzden fıkıh dilinde onlara "Lakît/buluntu" denir. Yani bir eşya gibi kaybedildikten sonra bulunan varlıklardır onlar. Lakît büyür, toplum içine karışır fakat zina mahsulü olması onu hükmen ölü olmaya mecbur eder. Horlanır, hakir görülür. Yaşayan ölü olmaktan, varken yok gibi muamele görmekten kurtulamaz.

### Aidiyetsiz Yığınlar

Zina, insan soyunu kurutarak en büyük tahribatı toplumda yapar. İnsanlar hayvanlar gibi kimliksiz yaşamaya mahkûm olur. Fuhuş yayıldıkça evlenme oranı azalır. Zinakâr bir toplum önce aileyi sonra devleti ve nihayet medeniyet örgüsünü kaybeder. Eski Yunan'ı ve Roma'yı zina çökertti. Çağdaş batının çöküşü de zinadan olacak... İslâm ümmetinin kıyamete kadar yaşamasını murad eden Allah Teâlâ'nın bu yüzden söze, "Ey İman edenler!" kaydı olmadan, doğrudan "Zinaya yaklaşmayınız." diye başlaması; hem Müslümanla zina kelimesinin yan yana zikredilemeyeceğini, hem de ona götüren her nevi sebebin kaldırılmasının bu ümmetin yaşaması için şart olduğunu ihtar etmek içindir.

### İctimâî Şehvet

İmkanı olan evlenecek, evlenemeyenlere de Müslümanlar yardımcı olacak. Çünkü ayet-i kerîme, "Aranızdaki bekarları evlendirin..."[147] buyurarak; mal sahiplerini, ictimâî şehveti söndürmede göreve davet etmektedir. Bu yüzden Şeriat nazarında muhtaç bir delikanlıyı evlendirmek caminin halılarını değiştirmekten ya da minareler yapmaktan daha mühimdir. Müslümanlar minaresiz camide ya da eski bir halıda namaz kılınca sevapları eksilmez. Fakat şehvetlerine mahkûm bekarların çoğaldığı cemiyetlerde kullukları iffet zevkinden mahrum kalır. Bu yüzden Allah Teâlâ, "Zinaya yaklaşmayınız." buyurarak sebep planında zinaya götüren bütün unsurları da kaldırmayı emreder. İslâm Devletinde zinaya karşı toplumun bütün şubeleri teyakkuz hâlinde olmalıdır. Adeta sürekli bir seferberlik durumu vardır. Bunun için okulda, çalışma alanlarında, toplu taşıma araçlarında haremlik-selamlık uygulanır. Bir büroda bir kadının herhangi bir erkeğin mesai arkadaşı olmasına, "üçüncüsü Şeytan olur" şeklindeki Nebevî tesbitle bakılır ve asla müsaade edilmez.

### Herkes Sorumlu

Şeriat, kadının erkekten, erkeğin de kadından etkilenip-etkilenmemesine bakmadan hükmü, geneli dikkate alarak verir. Bu yüzden mahremiyet yasalarına, şehevi tuğyanı olmamasına rağmen Allah Rasûlü de ﷺ riayet eder. Mescitte itikafta iken bir gece kendisini ziyaret gelen eşi Safiye ﷺ ayrılırken onu kapı-

---

[147] Nûr: 32.

ya kadar uğurlar. Bu esnada oradan geçmekte olan ve Allah Rasûlü'nü ﷺ görünce hızlanan iki sahabiye, "Olduğunuz yerde kalınız." diye emreder sonra da "Bu eşim Safiyye'dir" buyurur. O iki zat hayretlerini bildirince Allah Rasûlü ﷺ: "Gerçekten de Şeytan insanın damarlarında dolaşır. Ben, Şeytanın içinize kötü bir zan atmasından korktum." buyurarak; Şeriat'ta, kanun koyan ve tatbik makamında olanlar dahil herkesin şüpheye mahal vermeden ilahi talimatlara uyması gerektiğine işaret eder. Beşeri hukukta, kanunu tatbik ya da takip makamındaki sorumludan bu derece bir hassasiyet talep edilmez. Fakat Şeriat nazarında kirli elle temizlik yapılmaz; bu yüzden, "hâkimin" aklına olduğu gibi emanet hassasiyetine de bakılır. Beşeri hukukta ise, zinakârın ahlaki bir davada hakîm olmasında hiçbir mani yoktur. Temizlenmenin sadece "temiz ve temizleyici" olma özelliği olan unsurlarla olacağını söyleyen Şeriât ne kadar ulvî ise; necasetle de taharet olacağını savunan beşeri sistemler o derece süflidir.

### Karma Eğitim: Milletlerin Yok Oluşu

Tesettür, İslâm'ın zinaya giden yolları kapatma noktasında kadına olduğu gibi erkeğe de getirdiği koruyucu hayat kaidelerinden ibarettir. Erkek, vücut yapısını belli edecek darlıkta bir elbise giyemeyeceği gibi kadın da onu güzel gösteren kıyafetleri dışarıda ancak dış elbisenin içerisinde giyebilir.

İslâm, iş hayatında olduğu gibi eğitimde de kadın

ve erkeğin bir arada olmasına müsaade etmez. Bu durum bütün peygamberlerin hayatında böyledir. Nitekim Hz. Musa, Medyen'e geldiğinde çobanlar hayvanlarını sularken onların arasına karışmayan Hz. Şuayb'ın iki kızına "Neden burada duruyorsunuz?" diye sorduğunda, "Çobanlar sulayıp çekilmeden biz (onların içine sokulup hayvanlarımızı) sulamayız; babamız da çok yaşlıdır."[148] cevabını almıştı. Vahyin geldiği evde büyüyen Medyenli iki kız bu cevapla, "karma iş hayatının caiz olmadığını" söylemekteydi. Peygamber kızları, "babalarının yaşlı olmasına" vurguda bulunarak ailenin nafakasını temin etmekten aslında erkeklerin sorumlu olduğunu belirtmekteydi. Çünkü bu vurgu, genç olması durumunda hayvanları su içirme işiyle babanın meşgul olacağı anlamına gelir. Kur'an-ı Kerîm'in, kızlardan birinin Hz. Musa'yı çağırmak için gelmesini, "yürüyerek utana utana ona gelmesi"[149] şeklinde vermesi, kadınlarla erkeklerin bir arada bulunmalarının zarurî ya da arızî hallere mahsus olduğunu gösterir.

### Felsefe'de Haremlik-Selamlık

Hayatlarında peygamberlerden kırıntılar taşıyan filozoflar da zinanın önüne geçebilmek için tedbirler almıştır. Çin'de Konfiçyus adalet bakanı olunca, "alışılmışın dışında giysiler biçen" kişilere ölüm cezası

---

[148] Kasas: 23.
[149] Kasas: 25.

verir. Ülkesinde "haremlik-selamlık" o derece yaygın hale gelir ki; erkekler yolun sağında, kadınlar da solunda yürür. İnsan ticaretiyle para kazanan çevreler, bu uygulama karşısında müşteri kaybedince başbakana seksen güzel kadın rüşvet vererek Konfiçyüs'ü görevden uzaklaştırırlar.[150] Çin'de eski hayat tarzı tekrar geri gelir ve sebepler dairesinde zinanın yolları yeniden sonuna kadar açılır.

## İslâm'da Karma Hayat

Kur'an-ı Kerîm, erkeklere olduğu gibi kadınlara da gözlerini karşı cinsten korumayı emreder. Şeriat, kadının erkeğe erkeğin de kadına bakmasının haram olduğunu bildirir. Allah Rasûlü ﷺ, Hz. Ali'ye "Gayri ihtiyari olan ve affedilen, bir defalık bakıştır. İkinci bakıştan mesulsün." buyurur. Ebû Hureyre'nin rivayet ettiği hadiste de Efendimiz ﷺ, "Gözlerin zinası bakmaktır." ikazında bulunur. Bakmak haramsa kadınla erkeğin aynı mekanda ders okumaları, aynı büroda çalışmaları da haramdır.

Hz. Yusuf'la Züleyha arasındaki yakınlaşmaya da nâmahrem iki insanın aynı ortamı paylaşmaları yol açmıştı. Çünkü aynı ortamı paylaşmakla kazanılan ünsiyet zamanla kadınla erkek arasındaki her nevi mahremiyet duvarını yıkar. Karşıt cinsler arasında birbirine yöneliş başlar. Hz. Yusuf'u bu yönelişten Allah Teâlâ'nın rahmeti kurtarmıştı. İnsanların peygam-

---

[150] Paul Strathern, *Konfüçyüs*, s.41-42.

berler gibi masumiyeti olmadığından, ünsiyete sebep olacak birlikteliklerden evleviyetle uzak durmaları gerekir.[151]

Kur'an-ı Kerîm, Sahâbeye manevi anneleri hükmünde olan peygamber eşlerinden bir şey talep ederken "perdenin arkasından istemelerini" emretmektedir.[152] Bu ayete muhatap olan Sahâbenin kalbi muhakkak ki asrımız erkeklerinin kalbinden daha temizdi. Ashâbın perdenin arkasından konuşması onlar adına daha uygunsa, en güzel kıyafetlerin teşhir edildiği bedenlerle erkek ve kızların bir arada eğitim almaları evleviyetle haram olur.

Kur'an-ı Kerîm'in beyanına göre, kadınlar gizlemekte oldukları zinetleri (halhal) anlaşılsın diye yürürken ayaklarını yere vurmayacak, çıkan sesi erkeklere duyurmayacaklar.[153] Halhal sesinin erkeği etkilemesi kadının ayağını yere vurarak yürümesinin haramiyetine sebep oluyorsa, kadının halhal sesinden çok daha etkileyici olan bedeniyle erkeklerle aynı sınıf ortamında durmaları da evleviyetle haram olur.

### Hadîs-i Şerîfler

Bir gün Ümmü Humeyd, İslâm kadınları adına Allah Rasûlü'ne ﷺ serzenişte bulunmuş ve "Ey Allah'ın Rasûlü ﷺ eşlerimiz sizinle birlikte namaz kıl-

---

[151] Yûsuf: 23-24.

[152] Ahzâb: 53.

[153] Nûr: 31.

mamıza engel oluyorlar." demişti. Hz. Peygamber de, bütün Müslüman kadınlara hitaben, iç odalarda kılınan namazın diğer bütün mekanlardan daha faziletli olduğunu bildirmişti.[154] Başka bir rivayette ise, "Odalarınızda kıldığınız namaz, salonlarınızdakinden, salonlarınızda kıldığınız, binalarınızdakinden, binalarınızda kıldığınız da cemaatle kıldığınız namazdan daha faziletlidir."[155] şeklindedir. Allah Rasûlü ﷺ, Ümmü Humeyd'e, "Salâtuki/senin namazın" şeklinde değil de, "salatükünne/siz kadınların namazı" diye hitap etmesi, hükmün açıkça bütün kadınlara yönelik olduğunu göstermektedir. Kadınların evlerinde namaz kılmaları Peygamber mescidinde onunla birlikte kılmaktan daha efdal olduğuna göre, eğitim ya da başka amaçla kadınların erkeklerle aynı ortamda olmamaları da evleviyetle gerekir.[156]

Allah Rasûlü ﷺ, erkeklerin saflarının en hayırlısının ön, en şerlisinin de arka saf; kadınların en hayırlı safının arka, en şerlisinin de ön saf olduğunu belirtmektedir.[157] Allah Rasûlü ﷺ bu hadisiyle kadınların mescide gelmeleri durumunda erkeklerle aynı mekanı paylaşmamalarını, safların amelin makbuliyeti-

---

[154] Ebû Dâvûd, Salât, H. No: 570; Ahmed, *Müsned*, II, 297-301, VI, s.371; İbn Hacer, *el-İsâbe fî Temyîzi's-Sahâbe*, Beyrût, 1995, VIII, s.383.

[155] İbn Esîr, a.g.e., Beyrût, 1994, VII, s.311.

[156] Farklı bir açıdan mütalaa için bk., s.99-112

[157] Müslim, Salât, H. No: 440; Tirmizî, Salât, H. No: 224; Ebû Dâvûd, Salât, H. No: 678.

ni etkilediğini bildirerek kıymetlendirir. Buna göre kadın için en şerli saf, erkeklerle birlikte olduğu ya da onlara en yakın durduğu saftır. Çünkü erkeğe ne kadar yakın olursa zihni o kadar meşgul olacaktır. Namazda ihtilât caiz olmadığına göre Allah'ı hatırlama duygusunun namaza nisbetle daha zayıf olduğu mekanlarda ihtilât ise evleviyetle caiz değildir.

Başlangıçta Mescid-i Nebevi'nin kapılarından hiçbiri kadınlara tahsis edilmemişti. Camiye giden kadınların sayısında artış olunca Allah Rasûlü ﷺ; "Şu kapıyı kadınlara tahsis etseydik."[158] buyurmuştur. Allah Rasûlü'nün ﷺ bu ifadesi, delalet cihetiyle tahsis içermektedir. Nitekim hadisten kapının kadınlara tahsis edilmesi gerektiğini anlayan Abdullah b. Ömer ﷺ Efendimiz'in -kıblenin Kabe'ye çevrilmesinden sonra- Beyt-i Makdis yönüne açtırdığı bu kapıdan ölünceye kadar içeri girmemiştir. Eğer diğer sahabiler girdilerse bu ya namaz vakitleri dışındadır ya da onlar Allah Rasûlü'nden ﷺ bu konudaki yasaklayıcı hükmü işitmemişlerdir.[159] Daha sonra Hz. Ömer ﷺ Allah Rasûlü ﷺ tarafından kadınlara tahsis edilen bu kapıdan erkeklerin girmesini bütünüyle yasaklamıştır.[160]

İslâm, erkeklerin kadınlara ait bir kapıdan içeri girmelerini, kapıda bir ihtilât olmaması için yasakla-

---

[158] Ebû Dâvûd, Salât, H. No: 462.
[159] Sübkî, *el-Menhelü' l-Azbü' l-Mevrûd*, Beyrût, ty., IV, s.19, 72.
[160] Ebû Dâvûd, Salât, H. No: 464.

mıştır. İçeriye girme ve çıkma esnasında dahi ihtilâtı caiz görmeyen bir Peygamber'in Şeriat'ında kadınla erkeğin aynı sınıfta birlikte eğitim almaları da evleviyetle caiz olmaz.

### Hulâsa

Eğer hayatı tayin ediş, Hz. Adem ve Havva'ya nikahla bir arada olmayı öğreten Allah Teâlâ'ya değil de, hevasına tapan insana bırakılırsa; insan aile kuramaz, ebeveyn olamaz, hayvan gibi bir hayatı yaşamaktan da kurtulamazdı.

Sayısal değerleriyle bir mana ifade edebilmek için kamera karşısına geçip "karma eve" teker teker "evet" diyen ve bu halleriyle millet vicdanında paydası büyüdükçe sayısal değeri küçülen sayılar gibi alçalanların mahremiyete itirazlarını dikkate almak, insaniyetin hayvaniyete istihale etmesine müsaade etmek olur.

İnsana, nâmahrem bir kadınla erkeğin bir evde ancak nikahla bir arada olabileceğini öğreterek onu karma bir hayat yaşayan hayvanlardan ayıran Allah Teâlâ, eğitimin de nasıl olması gerektiğini Kitabı'nda beyan etmiştir. Kur'an-ı Kerîm'in ilahi murada göre cemiyete tatbikine memur olan Allah Rasûlü de ﷺ, hem ailevî, hem ictimâî hayatın merkezine mahremiyeti koyarak, neyin nasıl olması gerektiğini resmetmiştir. O, fiili sünnetiyle olduğu gibi sözleriyle de sebep planında zinaya götüren ne kadar unsur varsa hepsini ortadan kaldırmıştır.

Allah Rasûlü ﷺ, tek bir sınıfta/Ravza'da ayrı zamanlarda on binlerce kadın-erkek sahabiyi yetiştirdiğine göre; on binlerce dersliğin ve yüz binlerce öğretmenin olduğu bir ülkede karma eğitime son vermenin imkansızlığından bahsetmek ya Kur'an-ı Kerîm'in iman-hüküm sisteminden mahrumiyetten ya da irade ahlakı zafiyetinden kaynaklanmaktadır. Çaresi ise, Kur'an-ı Kerîm'i anlamaya nailiyet ve yitirilen iradeye sahibiyettir.

\*\*\*

## BİBLİYOGRAFYA

Abdulkerîm Zeydan, el-Mufassal fî Ahkâmi'l-Mer'e, Beyrût, 2000.

Alauddin Ebûbekr el-Kâsânî, Bedâiu's-Sânâi', Beyrût, 1997.

Bedruddin b. Ahmed Ayni, Umdetu'l-Kârî Şerh-u Sâhihi'l-Buhârî, Beyrût, 2001.

Bessam Abdulvahhab el-Câbî, Kavlî Fi'l-Mer'e'nin Mukaddimesi.

Damad Efendi, Mecmau'l-Enhur.

Ebû'l-Hasan Ali b. Muhammed b. Esîr, Üsdu'l-Gâbe fî Ma'rifeti's-Sahâbe, Beyrût, 1994.

El-Azîm Âbâdî, Avnu'l-Ma'bûd.

El-Kurtubî, el-Câmi'u li Ahkâmi'l-Kur'an, Müessesetur'r-Risâle, Beyrût, 2006.

Er-Râzî, Mefâtîhu'l-Ğayb, Dâru'l-Fikr, 1981.

Es-Sibâî, el Mer'e, Dâru'l-Verâg, Beyrût, 1999.

İbn Abdilberr, el-İstîâb fî Esmai'l-Ashâb, Beyrût, 2002.

İbn Esîr, Usdu'l-Ğâbe, Dâru'l-Kütübi'l-'İlmiyye, Beyrût, 1994.

İbn Hacer, el-İsâbe fî Temyîzi's-Sahâbe, Beyrût, 1995.

Ibn Manzûr, Lisanü'l-Arab, Dâru'l-Kütübi'l-'İlmiyye, Beyrût, 1999.

İbn Sa'd, et-Tabakâtu'l-Kübrâ, Mektebetu'l-Hâncî,

Kahire, 2001.

İbnu'l-Arabî, Ahkâmu'l-Kur'an.

Ignaz Goldziher, İslâm'da Eğitim, İslâmî Araştırmalar Dergisi, cd.2, sy.7, Ankara, 1988.

İsmet Özel, Sorulunca Söylenen, Şule Yay., İstanbul, 1999.

Karen Armstrong, Tanrı'nın Tarihi, (Çev: O. Özel, H. Koyukan ve K. Emiroğlu), Ayraç Yay., Ankara 1998.

Kısakürek Necip Fazıl, Çile, Büyük Doğu Yayınları, İstanbul.

Mahmud Muhammed Hattab es-Sübkî, el-Menhelü'l-Azbü'l-Mevrûd, Beyrût, ty.

Mahmud Sellam, el-Mer'e İnde'r-Rûmân.

Mustafa Sabri, Mevkıfu'l-Akl-i ve'l-İlm-i ve'l-Âlemi min Rabbi'l-Âlemîn

Nevin Meriç, Osmanlı'da Gündelik Hayatın Değişimi.

Nilüfer Göle, Modern Mahrem, İstanbul, 1994.

Niyazi Berkes, Türkiye'de Çağdaşlaşma.

Osman Ergin, Türk Maarif Tarihi.

Paul Strathern, Konfüçyus.

R. Ekrem Koçu, Giyim, Kuşam ve Süslenme Sözlüğü.

Yakup Kadri, Okun Ucundan, Remzi Kitabevi, İstanbul, 1940.

# İHSAN ŞENOCAK KÜLLİYATI

## I. TÜRKÇE ESERLER

1- Kur'an-ı Kerim Müdafaası
2- Neden Kur'ân-ı Kerim Hedef
3- Sünneti Reddeden Kur'ân Müslümanlığı
4- Bir Akide Kırılması: Nüzûl-ü Îsâ
5- Bir İnkılaptır Namaz
6- Bir Mekteptir Oruç
7- Dünyevîleşme Her Yerden Aşk Kalpten Vurur
8- Tasavvuf ve Cihat
9- İnsanlığın Umut Kıtası: Âlem-i İslâm
10- Bin Yıldır Düşmeyen Cephemiz: Doğu Türkistan
11- Mekke'den İstanbul'a Fetih, Fâtih, Ayasofya
12- İki Devrin Ulu Hocası: Ali Haydar Efendi
13- İftiraların Odağındaki Sahâbî: Ebû Hureyre
14- İmâm-ı A'zam'ın İzinde
15- Kudemâ Meclisi
16- Çağa Şeref Verenler
17- Tefekkürde Tesettürde İslâm Diyen Kızlar
18- İslâm'ın Kızına
19- Müslüman Gence
20- Üstad'ın Gençliğe Hitabesine Dair
21- Büyük Doğu Çağına Doğru
22- 24 Saat Müslümanca Bir Hayat -Edep Risâlesi-